JN015538

「筆界の調査・認定の在り方に関する検討報告書」の解説

月刊登記情報編集室

［編］

一般社団法人 金融財政事情研究会

はしがき

　近年、相続が発生しているにも関わらず相続登記がされていないこと等を原因として、不動産登記簿だけでは所有者が直ちに判明せず、又は判明しても連絡が付かない、いわゆる所有者不明土地が生じ、様々な場面で問題となっている。

　このような情勢の中、所有者不明土地の発生を防止するとともに、土地の適正な利用及び相続による権利の承継の一層の円滑化を図るため、第204回国会（常会）において、民法等の一部を改正する法律及び相続等により取得した土地所有権の国庫への帰属に関する法律が成立し、本年4月28日に公布された。今後、相続登記、住所等の変更登記の義務化や相続した土地を国庫に帰属させる手続等が実務において運用されることとなっている。

　ところで、土地の地積の更正や分筆の登記などの申請の際、登記実務においては、相互に隣接する土地の所有権の登記名義人等が土地の筆界を確認し、その認識が一致したこと及びその地点を特定して示すことを内容とする情報（以下「筆界確認情報」という。）を作成することが広く行われている。

　しかし、先に述べたような所有者不明土地の増加等を原因として、筆界確認情報の作成に困難を伴う事案が生じている。また、不動産登記法第14条第1項所定の地図をはじめとした、一定の精度を有する図面が登記所に備え付けられるようになった現下においては、筆界確認情報を用いずとも、登記官による筆界の調査・認定が可能なのではないかとの指摘もされているところである。

　このような中で、昨年1月から4回にわたり、実務家や有識者、関係省庁等を構成員とする「筆界認定の在り方に関する検討会」が開催され、その結果として、令和3年4月に「筆界の調査・認定の在り方に関する検討報告書」が取りまとめられた。この報告書では、筆界の調査・認定の在り方について、代表的なケースを類型化するなどして、具体的な提言がされている。

　本書では同報告書及び検討会の議事概要や関係資料を掲載することとした。

　本書が、「筆界の調査・認定の在り方に関する検討報告書」の内容をより多くの方に理解していただく契機の一つとなれば幸いである。

　令和3年6月

月刊登記情報編集室

目　次

第1章　筆界の調査・認定の在り方に関する検討報告書
　　　〜検討報告書とその概要、これまでの議論の概要〜

第2章　検討会資料

第1章

筆界の調査・認定の在り方に関する検討報告書
～検討報告書とその概要、これまでの議論の概要～

筆界の調査・認定の在り方に関する検討報告書

令和３年４月

筆界認定の在り方に関する検討会

目　次

※　略語は文中で定めるものを除き、以下の例による。
不登法＝不動産登記法（平成16年法律第123号）
不登規則＝不動産登記規則（平成17年法務省令第18号）

第1 はじめに

　不動産の表示に関する登記は、わが国の社会経済活動の基盤となる不動産取引の前提となるものであるが、土地の表題登記、地積に関する変更若しくは更正の登記又は分筆の登記（以下「筆界関係登記」という。）の申請をする際には、実務上「相互に隣接する土地の所有権の登記名義人等が現地立会い等によって土地の筆界（表題登記がある一筆の土地とこれに隣接する土地との間において、当該一筆の土地が登記された時にその境を構成するものとされた二以上の点及びこれらを結ぶ直線をいう。以下同じ。）を確認し、その認識が一致したこと及びその地点を特定して示すことを内容とする情報（以下「筆界確認情報」という。）」が提供されることが少なくないが、その取得には困難を伴うことがあり、円滑な不動産取引の阻害要因となっているとの指摘がされている。この指摘の背景として、近年においては、土地の所有権の登記名義人の死亡後に相続登記が放置されているため相続人が不明なケースや相続人が判明してもその所在を把握することが困難なケース、更には相続人が多数であるケースなどがみられるほか、隣人関係の希薄化などから筆界確認情報の作成及び登記所への提供（ここでの作成とは、登記所への提供を目的とした作成をいい、当事者が必要に応じて任意的に作成することを含まない。以下「筆界確認情報の提供等」という。）について筆界関係登記の申請に係る土地（以下「申請土地」という。）に隣接する土地（以下「隣接土地」という。）の所有権の登記名義人の協力が得られないケースが増加しているなど、申請土地の所有権の登記名義人と隣接土地の所有権の登記名義人又はその相続人とが共同して筆界の確認をすることに困難を生ずるようになっていることがあげられる。

　また、平成１７年の不登規則の施行により、登記申請の添付情報として登記所に提供される地積測量図には必ず筆界を構成する各点（以下「筆界点」という。）の座標値を記録するものとされ、不登法第１４条第１項に規定する地図（以下「１４条１項地図」という。）も含めて、図面に図示された特定の点や線を現地に復元することができる能力（以下「現地復元性」という。）を備えた資料が登記所に保管されるようになってきているところから、これらの資料を活用することで、一律に筆界確認情報を求める必要がなくなるのではないかとの指摘もされているところである。

　このような指摘を踏まえ、本検討会では、登記実務の観点から、筆界確認情報を得ることが困難な場合等を主として念頭に置きつつ筆界関係登記における筆界の調査・認定の在り方を整理することを目的として検討を行った。

　本検討会は、令和２年１月以降、合計４回にわたって検討を続けてきたが、筆界確認情報を得ることが困難なケースは多岐にわたり、その全てのケースを網羅的に検討することは困難であるため、代表的なケースについて検討した上で、考えられる筆界の調査・認定の在り方の方向性とその課題について提示しようとするものである。

第2 筆界の調査・認定の在り方
　1 筆界の調査・認定の基本的な考え方について
　　登記所に筆界関係登記が申請された場合には、登記官は、筆界関係登記の申請に関するすべての事項を審査しなければならず（不登規則第５７条）、この審査の結果に

1

基づき、その申請のとおりの登記をするか、又は不適法なものとして申請を却下するかを決定しなければならない（不登法第２５条）。そのため、登記官は、筆界関係登記の申請の審査においては、当該申請に係る土地の筆界の全てについて、申請情報に併せて提供される地積測量図に記録された筆界の位置及び形状に誤りがないことを調査することとなる。この調査の対象となる筆界は、国家が行政作用により定めた公法上のものであって、関係する土地の所有者の合意によっては処分することができない性質のものである。

　登記官は、筆界関係登記の申請の審査における筆界の調査に当たって、調査の対象となる土地の筆界が形成された当時に作成された客観的な資料を基礎とし、加えてその他の参考となる資料を総合的に勘案することにより、合理的な判断をすることができるものと考えられる。

　具体的には、明治初年に実施された地租改正事業により創設された筆界については当該事業による成果として作成された旧土地台帳附属地図を、また、分筆の登録若しくは登記により創設された筆界については当該分筆の登録若しくは登記に係る地積測量図（分筆の登録申告書若しくは登記申請書の添付図面）を、さらに、旧耕地整理法、土地改良法、土地区画整理法等に基づく換地処分により創設された筆界については当該換地処分の所在図又は換地確定図等（書証）を基礎資料としつつ、周辺土地を含めた現地における既設境界標又はこれに代わるべき恒久的地物の設置状況、境界工作物（ブロック塀、ネットフェンス、生け垣等）の設置状況、土地の外形上の特徴（自然地形）及び占有状況等の事実（物証）を把握することとなる。これらに加えて、必要に応じて、申請土地と隣接土地の所有権の登記名義人、近隣住民、地元精通者等から、境界標や境界工作物の設置者及び設置経緯、地形の変化の有無、筆界に関する認識等の供述・証言等（人証）を得て、これらの中で客観性のある事実関係を重視して総合的に判断するのが合理的であると考えられる。

　もっとも、これらの資料が乏しいケースに関しては、入手可能な資料の中でどの資料を基礎として筆界の調査・認定を行うのが合理的であるかという観点からの資料の評価が重要であると考えられる。

２　登記所における筆界確認情報の利用の現状について

　登記官が、実際に筆界を調査し、認定するといっても、筆界は大きな広がりを持つ土地を人為的に区画した区画線であり、かつ、概念上のものであるため現地において筆界を目視することはできない。また、筆界は、現況の工作物等が示す位置と必ずしも一致しているものではないため、その存在を外形上判別することができない。したがって、筆界に関して現地復元性を備えた信頼性のある資料が存する場合を除いて筆界の調査・認定はそもそも相当な困難性を伴う作業であるということができる。

　なお、現状では、筆界に関して現地復元性を備えた信頼性のある資料としては、一定の内容が記録された地積測量図又は１４条１項地図が考えられるが、これらが備え付けられているのは一部の土地に限られている。

　このような状況の下で、登記官は、筆界を調査し、認定する際には、筆界確認情報

の提供等を求め、これを筆界の認定の有力な証拠として取り扱っているのが実情であると考えられる。

　筆界関係登記の申請に際して、筆界確認情報の提供等を求める取扱いは、税務署で行われていた土地台帳事務を踏襲したものと推察される。すなわち、「地租事務規程（東京税務監督局長訓令第６号）」（昭和１０年８月１日発出）第１６５条において「地積ニ関シ誤謬訂正ノ申請アリタルトキハ左ノ各号ニ依リ取扱フヘシ」とし、同条第１号で「他人ノ所有地（国有地、御料地等ヲ含ム）ニ接続スルモノハ申請書ニ接続地所有者ノ連署ヲ受ケシムルカ又ハ承諾書ヲ添付セシメ（以下略）」と規定していたことから、現在の地積に関する更正の登記に相当する地積誤謬訂正の申告において、筆界確認情報の提供等を求めていた。その後、土地台帳事務が登記所に移管された後においても、「土地台帳事務取扱要領（昭和２９年６月３０日民事甲第１３２１号民事局長通達）」（昭和２９年６月３０日発出）第７１条において「地積訂正の申告書には、地積の測量図を添附させる外、当該土地が他人の所有地（国有地を含む）に接続するときは、接続地所有者の連署を受けさせるか又はその者の承諾書を添付させ（以下略）」と規定しており、「地租事務規程」を引き継ぐ形で筆界確認情報の提供等を求めていたが、当時は現在と比較して筆界の認定の資料が十分に備わっていないこともあって、登記官も人証である筆界確認情報に頼らざるを得ない状況にあったものと考えられる。

　そして、これを更に引き継ぐ形で、現在まで、各法務局・地方法務局（全国に、法務局又は地方法務局は５０局存在する。以下「法務局等」という。）の不動産の表示に関する登記の実務上の詳細な取扱いを定めた法務局等の長の訓令、通達等（以下「取扱要領」という。）において、筆界確認情報の提供等を求める旨の規定が定められているものと推測される。

　このように、筆界確認情報は、現状では、登記官が筆界の調査・認定を行う際の有力な資料として利用されることが少なくないが、法令で提供を義務付けているものではなく、法務局等において、取扱要領に基づき事実上提供を求めているものであり、登記実務の慣行ともいえるものである。

　全国の法務局等において、令和元年１０月３１日現在、取扱要領における筆界確認情報の提供等に関する規定の状況は別表１のとおりであり、また、筆界確認情報と併せて筆界確認情報への押印に係る印鑑証明書の提供を定めた規定の有無は別表２のとおりである。これによると、地積に関する変更若しくは更正の登記又は分筆の登記では７２パーセントの法務局等が筆界確認情報の提供等を求めることとしており、約４０パーセントの法務局等が筆界確認情報には押印に係る印鑑証明書の提供を求めることとしている。

　そして、筆界確認情報の内容とすべき事項及び筆界確認情報の作成主体に関する規定の状況は別表３及び別表４のとおりであり、これらによると、作成主体は隣接土地の所有権の登記名義人とするものが多数であり、所有権の登記名義人が共有関係にある場合におけるその共有者（以下「共有登記名義人」という。）又は所有権の登記名義人が死亡している場合でその相続の登記が未了であり、相続人が複数である場合に

3

おける相続人（以下「未登記相続人」という。）に関しては、２８の法務局等が共有登記名義人又は未登記相続人の全員が筆界確認情報の作成主体となることを求めている。

3 筆界の調査・認定に当たっての筆界確認情報の利用の在り方について

　登記官が調査すべき筆界は、国家が行政作用により定めた公法上のものであって、関係する土地の所有者がその合意によって処分することができないものであるところ、土地の境界に所有権界（私法上の境界）や筆界（公法上の境界）などの種別があるということについては、法令や登記に精通した者等の一部の者には理解されているものの、一般には理解が広まっていないのが現状であるため、土地の所有権の登記名義人等における土地の境界に関する認識は、過去の占有や取引の経緯を踏まえながら現実に排他的に利用している範囲あるいは排他的に利用可能であると考えている範囲に依存し、必ずしも国家が行政作用により定めた筆界を意識しているとは限らない。しかし、所有権界と筆界は、筆界の成立時点では、一致しているのが通例であって、成立後においても、土地所有権は元来重要なものと意識されてきたため、所有権界が筆界形成当時の位置を大きく外れるという事態は例外的なものであり、原則的には所有権界と筆界は一致するものと考えられ、このため、土地の所有権の登記名義人の境界に関する認識が結果的に筆界を示していることが少なくないと考えられる。

　一方で、明治初年に実施された地租改正事業により創設された筆界は、その創設から一世紀以上経過していることや筆界確認情報が当事者の認識に依拠する証拠（人証）であることを考慮すると、その内容には誤認又は記憶の変質といった危険が含まれている可能性を否定することはできず、筆界の調査・認定の資料とするとしてもその信頼性については適切に評価をすることが必要である。具体的には、筆界確認情報の内容が筆界に関する登記所保管資料や客観的な事実関係と大きく矛盾していないことを確認し、筆界確認情報の内容が筆界を示すものであるとの一応の心証が得られる場合に限り、筆界の調査・認定の資料として採用すべきであると考えられる。

　そして、筆界確認情報を筆界の調査の過程において資料として採用すると判断した場合であっても、当該情報は筆界の認定に当たっての一資料であるにとどまり、筆界の認定の根拠として当該情報のみに依拠することは必ずしも相当ではなく、他の筆界の認定の資料を総合考慮して筆界を認定すべきであると考えられる。また、登記官が筆界確認情報を個別の案件において具体的にどのように利用するかについては、例えば、筆界に関する登記所保管資料、関係官署が保管している資料、周辺土地を含めた現地における既設境界標又はこれに代わるべき恒久的地物の設置状況、境界工作物の設置状況、土地の外形上の特徴等から、筆界が一定の幅の範囲内に存することを認定することができるものの、線としての位置までは認定することができないケース等において、筆界確認情報の内容とする当事者間で確認した境界線の位置が登記官の認定する一定の幅の範囲内に存する場合に当該情報を筆界の認定のための補充的な資料として利用するなど、筆界に関する登記所保管資料や客観的事実を総合的に勘案して筆界が本来存すべき位置について検討した上で、筆界の認定の資料として利用すべきで

あると考えられる。

　そもそも、筆界確認情報の提供等を求める登記実務上の取扱いは、前記２で述べたとおり、税務署における土地台帳事務の取扱いが（現在に至るまで形式的な取扱いの変更はあったものの）引き継がれているものと推察される。

　しかし、近年においては、筆界に関する登記所保管資料も増大しつつあり、一定の精度を有する地積測量図及び１４条１項地図などの資料が存するため、筆界確認情報の提供等を求める必要性に乏しいと考えられるケースが出現しているほか、①土地の所有権の登記名義人の死亡後に相続登記が放置されているため相続人が不明なケース、②所有権の登記名義人又は未登記相続人の所在を把握することが困難なケース、③隣人関係の希薄化などから筆界確認情報の提供等について隣接土地の所有権の登記名義人の協力が得られないケース、④筆界確認情報への署名又は記名押印に際して過大な要求が行われるケースが出現するなど、筆界確認情報の提供等のために過大な労力や金銭的な負担を強いられるケースが増加している。

　これらの諸事情の変化に鑑みると、筆界関係登記の申請に際して幅広く筆界確認情報の提供等を求める登記実務上の取扱いについては、現在の社会情勢を踏まえつつ合理的な範囲に絞り込むことが必要であると考えられる。

　これに対し、筆界に関する登記所保管資料等の書証や筆界に関する現況等の物証が乏しいときは、筆界関係登記の申請の処理期間として一般に許容される期間内に筆界を調査・認定することに困難が伴うことはあり得る。このようなケースを念頭に置けば、筆界確認情報を適切な範囲で利用すること自体は引き続き否定されるものではないが、筆界に関する登記所保管資料や筆界に関する現況等に鑑みれば筆界は明確であるといい得る場合にまで、一律に筆界確認情報の提供等を求めることには、少なくとも不動産登記の審査の観点からは合理的な理由に乏しいといわざるを得ないと考えられるため、筆界確認情報の提供等を不要とするべきであると考えられる。

　また、仮に筆界が明確でないために筆界確認情報の提供等を求めることに理由があるとみられるケースについても、その作成主体となり得る者が複数であるときには、登記官において筆界に関する心証形成を図ることができる限度で筆界確認情報の提供等を受ければ足り、一律に、例えば全ての共有登記名義人から筆界確認情報の提供等を受ける必要はないものと考えられる。このほかに、同様のケースで、合理的な探索をしてもなお隣接土地の所有権の登記名義人又はその相続人の全員の所在等が知れず、筆界確認情報の作成主体となり得る者が不明である場合において、例えば、過去に隣接土地の所有権の登記名義人であった者や隣接土地の全部について使用収益の権限を有することが客観的に明らかな者が作成主体となった筆界確認情報の提供等により登記官が筆界に関する心証形成を図ることができるときなど、一定の類型については、筆界の確認を行う時点における所有権の登記名義人以外の者が筆界確認情報の作成主体となることを許容することが考えられる。

　以上のような基本的な考え方に基づいて、筆界の調査・認定に当たっての筆界確認情報の利用の在り方につき、改めて検討を加えたものが、別添資料であり、今後、法務局等において、登記実務における筆界確認情報の利用の在り方について、地方ご

5

の実情を踏まえつつ、積極的な検討を行うことが望まれる。

　なお、別添資料においては、あくまでも、一定の条件の下では筆界確認情報の提供等を不要とすることが合理化されるとの判断を類型的に示しているが、①ここで筆界確認情報を利用しなくてよいとされているケースについても、例えば、資料第1の2(1)ア、ウ又はオの要件において現地の工作物等の設置状況や土地の利用状況を勘案すると境界標の指示点を筆界として認定することに強い疑念が生じ、境界標の移動が疑われるケース等では、個別の事案における具体的な事情に応じて筆界確認情報の利用による筆界の調査・認定が例外的に必要となることはあり得るものである。他方で、②ここで筆界確認情報を利用することが考えられるとされているケースであっても、登記官が個別の事案に応じて筆界確認情報を利用することなく、客観的な資料や事実関係に基づき筆界の調査・認定を行うことが妨げられるものではないことについては、重ねて注意を促すこととしたい。

4　付言（永続性のある境界標の設置について）

　境界標は、その設置によって、現地において目視することのできない筆界の位置をその境界標を現認する人々に対して現地に表現し、権利の客体となる土地の区画を明確化させることができるものである。

　そのため、筆界点としての正しい位置に永続性のある境界標を正確に設置することによって、後日の境界紛争や工作物の越境に伴う紛争等の発生を未然に防止する効果を期待することができる。このほか、別添資料において検討したとおり、登記官が筆界の調査・認定を行う際にも物証として重要な判断資料となり得るものであり、例えば、隣接土地の所有権の登記名義人の所在を把握することができず、そのため筆界確認情報の提供等がない場合であっても、現地に境界標が存することによって登記官が筆界の認定を行うことが可能となるケースも生じるなど、不動産取引の前提となる筆界関係登記の申請について、より円滑な処理を実現することができるものと考えられる。

　このように、永続性のある境界標の設置は、民間の土地取引のほか、公共事業や防災事業の用地取得等の円滑化に繋がるものと考えられるが、現実としては、民有地の当事者間で筆界を確認した場合においては、境界標の設置自体はその当事者の自由意思に委ねるほかはなく、永続性のある境界標の設置がされていないことも少なくない。

　他方で、国等が街区単位以上の範囲で何らかの事業又は事業の前提として民有地間の筆界等の調査・確認を実施した状況においては、一筆の土地の筆界を確認した場合と比較して、確認された筆界の判断の合理性は高いものと推定され、当該筆界の各点の位置に永続性のある境界標を正確に設置して、土地の地籍及び現況の明確化を図ることには、公益性の観点から極めて大きな意義があるものと考えられる。

　したがって、今後、国等が実施する事業において、民有地間の筆界等の調査・確認を行った場合には、事業主体である国等が地域ごとの慣習に応じた永続性のある境界標を設置することの意義を改めて検討することが望まれる。

　なお、境界標の永続性の評価に関しては、多種多様な境界標が存在しているため、

6

これを一律に評価することは困難であるが、少なくともその材質が経年劣化に耐えるものであること及び容易に移動することが不可能な状態で設置されることが必要になると考えられる。

第3　おわりに
　　本検討会では、近年、筆界確認情報を得ることが困難なケースが増加しつつあることを踏まえ、登記実務の観点から、筆界確認情報を得ることが困難な場合等を主として念頭に置いて検討を行ったものであるが、このようなケースが増加しつつある大きな要因は、土地の所有権の登記名義人が死亡した後も相続登記がされないこと等を原因として、不動産登記により所有者が直ちに判明せず、又は、判明してもその所在が判明しない「所有者不明土地」が少なからず発生していることにあると考えられる。
　　隣接土地が所有者不明土地である場合は、申請土地の所有権の登記名義人には、隣接土地の所有者を探索するために過大な労力や金銭的な負担を強いる上に、探索してもなお隣接土地の所有者が判明せず、又は、判明してもその所在が判明しないケースもあり、当該ケースにおいては、申請土地の所有権の登記名義人が不動産取引の前提として行う筆界関係登記の申請をやむを得ず断念する事案や、断念しないとしても境界確定訴訟の判決の確定等を経ることとなったために売却時期が大きく遅れる事案も生じているものと考えられる。
　　本検討会において示した筆界の調査・認定の在り方の方向性は、所有者不明土地が少なからず発生しているという現状を踏まえ、筆界関係登記の申請の審査に当たって一定の要件の下でその処理を可能とする方策を一般的に示しておくこととなるものであり、民間の不動産取引、公共事業や防災事業の事業実施が所有者不明土地の存在により支障を生じているという問題の解決に、少なからず、寄与するものであると考えられる。
　　現地復元性を備えた信頼性のある資料が存しない場合における筆界の調査・認定はそもそも相当の困難性を伴う作業であることを踏まえると、本検討会において示した筆界の調査・認定の在り方の方向性は、登記所職員に対して、これまでよりも負担を増加させるものと考えられるが、これまで積み上げてきた筆界の調査・認定の専門的な知見を生かして所有者不明土地、近隣関係の希薄化等の社会的な問題から生じる登記実務上の課題の解決に向けて積極的に対応することが望まれる。

7

【別表1】 筆界確認情報の提供に関する規定の有無

規定の有無／登記の種別	提供を求める規定あり		提供を求める規定なし（局）
	提供を求める（局）	可能な限り求める（局）	
地積に関する変更又は更正	２４	１０	１６
分筆	２４	１０	１６
土地の表題	２２	９	１９

※ 全国の法務局・地方法務局は５０局である。

【別表2】 筆界確認情報への押印に係る印鑑証明書の提供に関する規定の有無

（令和元年１０月３１日現在）

規定の有無／登記の種別	提供を求める規定あり		提供を求める規定なし（局）
	提供を求める（局）	可能な限り求める（局）	
地積に関する変更又は更正	９	１１	３０
分筆	９	１０	３１
土地の表題	９	８	３３

※ 全国の法務局・地方法務局は５０局である。

【別表3】 筆界確認情報の内容とすべき事項に関する規定

（令和元年１０月３１日現在）

内容	局数	割合（%）
筆界について異議なく確認したこと	１９	５５．９
筆界について確認したこと	１２	３５．３
筆界について異議がないこと	２	５．９
（具体的な定めなし）	１	２．９
合計	３４	

【別表4】 筆界確認情報の作成主体に関する規定

（令和元年１０月３１日現在）

作成主体（申請に係る土地を除く）	局数	割合（%）
隣接土地の所有者（等）	５	１４．７
隣接土地の所有者（等）又はその代理人（等）	４	１１．８
隣接土地の所有者，権限を有する管理人（等）	１０	２９．４
隣接土地の所有者，権限を有する管理人，その他利害関係人	３	８．８
関係人	２	５．９
立会いの事実を確認し，測量した者※	１０	２９．４
合計	３４	

※ 立会証明書（立会いの事実を証明した書面）の提供を求める法務局等における
規定である。

第1　筆界が明確であると認められる場合における筆界の調査・認定
　1　筆界に関する情報と現地復元性
　　　次の(1)から(3)までに掲げるいずれかの情報が図面に記録されている場合には、理論上図面に図示された筆界を現地に復元することが可能であると考えられる。ただし、(2)及び(3)に掲げる場合には、近傍の恒久的地物又は測量の基点となる点が現地に現存していることが条件となる。
　　(1)　筆界を構成する各筆界点についての測量成果による世界測地系の座標値
　　(2)　筆界を構成する各筆界点についての測量成果による任意座標系の座標値及び当該座標値を得るために行った測量の基点の情報又は2点以上の各筆界点に対する複数の近傍に存する恒久的な地物との位置関係の情報
　　(3)　筆界を構成する各筆界点についての座標値の情報が記録されていない場合における、各筆界点に対する複数の近傍に存する恒久的な地物との位置関係の情報

（補足説明）
　1　理論上現地復元性を有する情報の検討について
　　　筆界が明確であると認められるための前提となる要件としては、14条1項地図、地積測量図、筆界特定登記官による筆界特定に係る図面（以下「筆界特定図面」という。）、境界確定訴訟において確定した判決書の図面（以下「判決書図面」という。）等の図面に記録された筆界の位置情報について、これらを基に復元測量の手法等を用いて図面に図示された筆界を現地に復元することが可能であることが必要である。すなわち、これらの図面に記録されている情報（以下「図面情報」という。）が真に筆界の位置を示したものと扱うことが相当であるかという問題以前の問題として、そもそもその情報に照らして理論上現地復元性を有するものといえること（以下では、図面情報のうち理論上現地復元性を有するものを「復元基礎情報」という。）が必要となると考えられる。
　　　そこで、以下では、特定の点や線を理論上現地に表すことが可能であり、かつ、測量に伴う誤差の範囲等の許容される一定の範囲内にある「復元基礎情報」とはどのような情報であるのかを検討している。

　2　復元基礎情報が記録されている図面について
　　　土地に関する図面には多種多様なものが存在しているところ、そのなかで筆界の復元基礎情報として扱うことができる情報が記録されている代表的な図面としては、14条1項地図、地積測量図、筆界特定図面及び判決書図面があるが、これらの図面における図面情報の記録の状況は、おおむね次の(1)から(4)までのとおりであると考えられる。
　　　これらの図面のほか、土地の所有権の登記名義人等が必要に応じて自己所有地について測量した成果図面、登記所を除く官公署が保有している図面等についても復元基礎情報として扱うことができる情報が記録されているケースがあり得ると考えられ

1

る。このような図面に関しても、個々的に検討をした上で、図面情報が復元基礎情報の要件を備えているか否かを判断する必要があると考えられるが、仮に復元基礎情報として扱うことができるとしても、当該図面に図示された特定の点や線が、図面の作成の経緯、筆界に関する登記所保管資料との整合性等から筆界であると認められる場合に限り、筆界の調査・認定に利用することができるものと考えられる。

(1)　14条1項地図

14条1項地図は、その図面が登記所に備え付けられた当時に許容される測量の方法により測量され、地域に応じた測量の精度を確保している。

14条1項地図に記録された各筆界点の座標値は、測量の成果である座標値を数値として記録した「測量成果」のほか、紙等に図化された図面上の筆界点の相対的位置関係を読み取って記録した「図上読取」に大別されるところ、各筆界点の座標値の種別が「図上読取」である図面については、当該座標値には測量に伴う誤差に加えて他の要素の誤差が含まれている蓋然性が高く、さらにこれらの誤差の程度は図面ごとに異なるため、相応の分析を行った上で適切な方法で座標値の変換等を行うなどして、筆界を現地に復元する必要があると考えられる。

このような状況を踏まえると、14条1項地図のうち座標値の種別が「測量成果」である図面については、筆界の復元基礎情報が記録されている図面に該当すると考えられるものの、座標値の種別が「図上読取」である図面については、当該座標値の数値を用いて直ちに筆界を復元することが困難であるケースが少なからずあると考えられ、一律に筆界の復元基礎情報となり得る情報が記録されているとまではいえないと考えられる。

もっとも、14条1項地図の座標値の種別が「図上読取」である図面であっても、相応の分析をした結果において、座標値種別が「測量成果」と同等程度の正確性を有すると評価することができるケースはあり得るし、そのように評価することができないケースの場合においても分析の結果に応じた検証等を実施して筆界を現地に復元することが可能となり得るため、筆界の復元に当該図面情報を用いることは当然にあり得ると考えられる。

(2)　地積測量図

昭和35年の「不動産登記法の一部を改正する法律（昭和35年法律第14号、昭和35年4月1日施行）」及び土地台帳法の廃止により、不動産の表示に関する登記が不登法に創設された。これに伴い、登記簿と土地台帳の一元化指定期日以後に筆界関係登記の申請をする際には、一筆の土地ごと（分筆の登記の場合は、分筆前の一筆の土地ごと）に測量の成果に基づいて作成した図面である地積測量図を申請情報と併せて提供することとされた。この地積測量図に記録すべき情報は、法務省令である旧不動産登記法施行細則（以下「旧不登細則」という。）に定められたが、旧不登細則の一部改正及び不登規則の施行（平成17年3月7日）によって地積測量図に記録すべき情報の内容が改正されたため、地積測量図の提供の時期ごとに図面から得られる情報は異なることとなり、登記所に提供された地積測量図についての現地復元性の一般的評価は、次のアからエまでのとおりとなると考えられる。

この記録すべき情報の内容を踏まえると、不登規則が施行された平成17年3月

2

7日以降に提供された地積測量図は、高度な現地復元性を有していると考えられるため、筆界の復元基礎情報といい得る図面情報が記録されている図面に該当するものと考えられる。また、不登規則の施行前に提供されたものであっても、そのうちの一部の図面には土地を構成する複数の筆界点と複数の近傍の恒久的な地物との位置関係の情報の記録がされているなど、筆界の復元基礎情報といい得る図面情報が記録されている図面に該当すると考えられる場合があるため、個々の図面ごとに評価すべきであると考えられる。

ア　昭和35年以降の一元化指定期日から昭和52年9月30日まで

　　　昭和35年法務省令第10号による改正後の旧不登細則第42条の4第1項本文は、「…地積ノ測量図ハ…三百分ノ一ノ縮尺ニ依リ之ヲ作製シ地積ノ測量ノ結果ヲ明確ニスルモノナルコトヲ要ス」と規定していた。そして、昭和37年法務省令第10号による改正後の同項本文は、「…地積ノ測量図ハ…三百分ノ一ノ縮尺ニ依リ之ヲ作製シ方位、地番、隣地ノ地番並ニ地積及ビ求積ノ方法ヲ記載シタルモノナルコトヲ要ス」と規定していた。

　　　当初の地積測量図は、測量の結果のみを明らかにすることが目的とされていたが、その後、方位・地番・隣接地番・地積・求積方法など現地における土地の区画の形状を把握することのできる情報の記録が定められた。しかし、境界標の記載は義務付けられておらず、機能としては面積測定機能のみであり、現地復元性が低いものであった。

イ　昭和52年10月1日から平成5年9月30日まで

　　　昭和52年法務省令第54号による改正後の旧不登細則第42条第1項本文は、地積測量図の縮尺を250分の1とする旨を規定するとともに、同条第2項は、「前項ノ地積ノ測量図ニハ土地ノ筆界ニ境界標アルトキハ之ヲ記載スベシ」と規定し、前記アに加え、境界標の設置がある場合にはその境界標を記録することとされた。

　　　地積測量に基づいて設置あるいは確認した境界標を地積測量図に明確に記録し、これによって、現地復元性を有する図面としての役割を持たせ、後日における境界紛争や机上分筆の防止を目的とした。

　　　しかし、境界標の設置がない場合には、常に近傍との恒久的地物との位置関係を記録する規定になっておらず、現地復元性を付与するという観点からは不十分であった。

ウ　平成5年10月1日から平成17年3月6日まで

　　　平成5年法務省令第32号による改正後の旧不登細則第42条第2項は、「前項ノ地積測量図ニハ土地ノ筆界ニ境界標アルトキハ之ヲ、境界標ナキトキハ適宜ノ筆界点ト近傍ノ恒久的ナル地物トノ位置関係ヲ記載スベシ」と規定した。

　　　地積測量図に記録すべき情報として、前記イに加え、境界標の設置がない場合には適宜の筆界点と近傍の恒久的地物との位置関係を記録すべきこととされたことにより、現地復元性が強化された。

エ　平成17年3月7日以降

　　　地積測量図に記録すべき情報は、方位、地番（隣接地の地番を含む）、地積、

3

求積方法、縮尺、筆界点間の距離、平面直角座標系の番号又は記号、基本三角点等に基づく測量の成果による筆界点の座標値、境界標の設置がある場合にはその境界標、測量の年月日及び基本三角点等に基づく測量ができない場合には、平面直角座標系の番号又は記号、基本三角点等に基づく測量の成果による筆界点の座標値に代えて、近傍の恒久的な地物に基づく測量の成果による筆界点の座標値とされた。

筆界点の座標値をも地積測量図の記録事項とし、かつ、その測量に当たっては、基本三角点等に基づいて行うことが示されたことにより、現地復元性は高いものとなった。

(3) 筆界特定図面

筆界特定書においては、「図面及び図面上の点の現地における位置を示す方法として法務省令で定めるもの」により、筆界特定の内容を表示しなければならないものとされており（不登法第１４３条第２項）、この筆界特定図面は、施行通達別記第１８号様式により作成し、不登規則第２３１条第４項各号に掲げる事項を記録するものとされている。

現地における位置を示す方法とは、「基本三角点等に基づく測量の成果による筆界点の座標値」又は「近傍に基本三角点等が存しない場合その他の基本三角点等に基づく測量ができない特別の事情がある場合にあっては、近傍の恒久的な地物に基づく測量の成果による筆界点の座標値」とされていることから（不登規則第２３１条第５項）、公共座標（世界測地系）や任意座標に基づく筆界点の座標値を記録することとなる。このほか、筆界特定図面には、必要に応じ、対象土地の区画又は形状、工作物及び囲障の位置その他の現地における筆界の位置を特定するために参考となる事項を記録することとされている。

このような各事項が記録されている筆界特定図面は、高度な現地復元性を有していると考えられるため、筆界の復元基礎情報が記録されている図面に該当するものと考えられる。

(4) 判決書図面

判決書図面は、当該図面に記録すべき図面情報の要件等が定まっていないため、図面ごとに図面情報の内容が異なっており、個々の図面ごとに筆界の復元基礎情報といい得るか否かを判断する必要があると考えられる。

3 筆界点の座標値が任意座標系の測量成果である場合について

局地的な測量等において、測量区域を平面とみなし、その区域に適宜に設けられる任意座標系の座標値が筆界点に与えられている場合で、その測量の基点とした位置が不明であり、かつ、２点以上の各筆界点に対する複数の近傍に存する恒久的な地物との位置関係の情報の記録がないとき、又は当該記録はあるものの当該地物が亡失しているときは、理論上において図面情報の数値を用いて筆界を復元することは困難であると考えられる。

4

2 筆界が明確であると認められるための要件について
 (1) 申請土地の地域種別（不登規則第１０条第２項）が市街地地域である場合
   市街地地域に存する土地においては、次のアからカまでに掲げるいずれかの点で構成される筆界は明確であると認めることができる。
   ア 登記所に座標値の種別が測量成果である１４条１項地図の備付けがある場合において、申請土地の筆界点の座標値に基づき測量により現地に表した点(注1)の位置に対して、公差（位置誤差）の範囲内に境界標の指示点が現地に存するときの当該指示点(注2)
   イ 登記所に座標値の種別が測量成果である１４条１項地図の備付けがある場合において、上記アの指示点が現地に存しないときにあっては、申請土地の筆界点の座標値を基礎として、地図に記録されている各土地の位置関係及び現況を踏まえて画地調整して導き出した復元点
   ウ 登記所に筆界の復元基礎情報といい得る図面情報が記録された地積測量図の備付けがある場合において、当該情報に基づく表示点の位置に対して、公差（位置誤差）の範囲内に境界標の指示点が現地に存するときの当該指示点(注2)
   エ 筆界特定登記官による筆界特定がされている場合において、当該筆界特定に係る筆界特定書及び筆界特定図面に記録された特定点を当該図面等の情報に基づき復元した復元点
   オ 判決書図面に復元基礎情報といい得る図面情報が記録されている場合において、当該情報に基づく表示点の位置に対して、公差（位置誤差）の範囲内に境界標の指示点が現地に存するときの当該指示点(注2)
   カ 判決書図面に囲障、側溝等の工作物の描画があり、それら囲障等に沿って筆界点が存するなど図面上において筆界点の位置が図示されている場合において、当該図面の作成当時の工作物が現況と同一であると認められ、現地において図面に図示された筆界点の位置を確認することができるときにおける当該位置の点
   （注１）本報告書において、「復元点」は、筆界点の座標値等の数値情報（距離、角度等）を基礎としつつ、各種資料や現況等の分析及び検討を行い、本来の筆界点の位置を現地に再現した点を意味するものとする。また、「測量により現地に表した点（以下「表示点」という。）」は、筆界点の座標値等の数値情報（距離、角度等）等に基づき、測量機器を使用して単に現地に表した点を意味するものとする。
   （注２）境界標の指示点の位置と現況工作物等が示す位置との関係や周辺土地の現況を踏まえて、当該指示点をもって筆界点と認定することに強い疑念が生じる場合は、直ちに筆界点と認定することなく、境界標の設置者、設置経緯等の背景事情、筆界が創設された経緯、地形、境界標以外の現況工作物の位置等を総合的に勘案した上で判断する必要があると考えられる。
 (2) 申請土地の地域種別が山林・原野地域である場合
   山林・原野地域に存する土地においては、次のアからカまでに掲げるいずれかの点で構成される筆界は明確であると認めることができる。
   ただし、申請土地が山林・原野地域に存している場合であっても、申請土地及び

5

その周辺の土地の利用状況、開発計画の有無、近接する地域の種別等の事情に鑑みて、申請土地の地域種別の当てはめを山林・原野地域とすることが相当でないと認められる事情があるときは、市街地地域の要件を当てはめるべきである。

ア　登記所に座標値の種別が測量成果である１４条１項地図の備付けがある場合における、申請土地の筆界点の座標値に基づく表示点（ただし、カに該当するときは、この限りでない。）

イ　登記所に筆界の復元基礎情報といい得る図面情報が記録された地積測量図の備付けがある場合における、当該情報に基づく表示点（ただし、カに該当するときは、この限りでない。）

ウ　筆界特定登記官による筆界特定がされている場合において、当該筆界特定に係る筆界特定書及び筆界特定図面に記録された特定点を当該図面等の情報に基づき復元した復元点

エ　判決書図面に復元基礎情報といい得る図面情報が記録されている場合における、当該情報に基づき復元した復元点（ただし、カに該当するときは、この限りでない。）

オ　判決書図面に囲障、側溝等の工作物の描画があり、それら囲障等に沿って筆界点が存するなど図面上において筆界点の位置が図示されている場合において、当該図面の作成当時の工作物が現況と同一であると認められ、現地において図面に図示された筆界点の位置を確認することができるときにおける当該位置の点

カ　ア、イ及びエの場合において、筆界の復元基礎情報といい得る図面情報に基づく表示点の位置に対して、公差（位置誤差）の範囲内に境界標の指示点が現地に存するときの当該指示点[注2]

(3) 申請土地の地域種別が村落・農耕地域である場合

村落・農耕地域に存する土地においては、申請土地及びその周辺の土地の利用状況、土地開発の状況やその計画の有無、近接する地域の種別等の事情に応じて、市街地地域又は山林・原野地域のいずれかの要件を当てはめるべきである。

（補足説明）

1　地域種別に応じた筆界認定の在り方について

筆界の調査・認定に当たって、現地復元性を有する１４条１項地図、地積測量図、筆界特定図面、判決書図面等の図面が存する場合においては、これらの図面に記録された復元基礎情報に基づく表示点を基礎とすることが適切であると考えられる。

ここでは、まず、地域種別に応じて筆界の調査・認定の在り方を異なるものとすることを提案している。その趣旨は以下のとおりである。

(1) 市街化されている地域では、囲障、側溝、境界標、石垣やコンクリート擁壁等の上層の土地を支持する工作物等の設置が多く見られ、山林や原野の地域では、谷筋や尾根筋が存するなど、地形の変化が目視できることも少なくない。このような、人工的な工作物が設置されている位置、地形が変化している位置又はそれらに近接する位置には、土地利用の経緯や歴史的な経緯等を背景として筆界が存

していることがある。そのため、これらの位置・形状は現地における筆界の位置を推測させる物理的状況（以下「筆界に関する現況」という。）ともいえるものであり、筆界の調査・認定に当たって考慮するのが相当であることも少なくないと考えられる。

　不登規則第１０条第２項に規定する地域種別（以下「地域種別」という。）の各地域における１４条１項地図、地積測量図及び筆界特定図面の測量等の精度は、それぞれの地域ごとに異なり、例えば、筆界点間の計算距離と直接測量による距離との差異の公差では、市街地地域（精度区分は甲二まで）を基準とした場合に、村落・農耕地域（精度区分は乙一まで）は約４倍、山林・原野地域（精度区分は乙三まで）は、約１３倍の誤差が許容される。このように、高い測量の精度等が求められる市街地地域、比較的緩やかな測量精度が認められている山林・原野地域、それらの中間的な村落・農耕地域では、それぞれに筆界に関する現況を考慮する必要性及びその程度が異なり、そのため、地域種別ごとに筆界が明確であると認められるための要件には違いがあるものと考えられる。

(2) 地域種別ごとの筆界の認定の具体化

ア　市街地地域

　市街地地域では、土地は細分化されており、建物や工作物の敷地に利用されるなど、一定の用途に供されていることも多く、土地利用の需要と比例して他の地域種別の土地よりも地価が高額であるため、土地の所有者の権利意識が高い傾向にある。囲障、側溝、境界標、石垣やコンクリート擁壁など筆界との関連性が考えられる工作物の設置も多く見られる。これらの状況を踏まえると、市街地地域においては、他の地域種別の地域と比較して、筆界に関する現況を考慮する必要性は高く、更に表示点と筆界に関する現況が示す位置との関係を十分に検証した上で筆界の調査・認定をする必要があると考えられる。

イ　山林・原野地域

　山林・原野地域における筆界は、谷筋や尾根筋等といった地形の変化に由来する位置に存することが多いほか、地上物である樹木の種類や樹齢、樹木の手入れの状況等が異なる位置といった土地利用の状況が変化する位置に存することがある。市街地地域ではよく見られる筆界との関連が推測される工作物が設置されることは多くないため、工作物を考慮して筆界を調査・認定することが可能なケースは少ないと考えられる。

　このような地域特性のある山林・原野地域における筆界の調査・認定では、谷筋や尾根筋等の地形に加えて、土地利用の状況が変化する位置を考慮する必要性は高いと考えられる。

　なお、土地利用の状況が変化する位置については、これを所有権界と捉えることもできるが、所有権界と筆界は一致することが多いことを踏まえると、不登法第１４条第４項に規定する地図に準ずる図面や地積測量図等の筆界に関する登記所保管資料、関係土地の所有権の登記名義人の認識等に明らかに反しない限り、当該位置をもって筆界の調査・認定の要素とすることは合理的である

7

と考えられる。

　ところで、山林・原野地域において、筆界に関する現況を考慮した表示点の評価に関しては、次のように考えるのが相当である。

　山林・原野地域における筆界は、前述のとおり、地形に由来する位置や土地利用の状況が変化する位置に存することが多いと考えられるが、仮に地形に由来する位置に筆界が存すると推測されるケースにおいて、現地で筆界の位置を示すとしたときに、当該位置を点又は線で示すことが可能なケースは、現地に境界標が設置されている場合を除き、まれであると考えられる。

　そもそも、明治初年の地租改正事業によって形成された山林・原野地域の筆界は、当時、税の徴収があまり見込めない土地であったため、測量の手法として目測、歩測等の誤差が多く含まれる方法が許容されるなど、厳密な位置まで求める必要性がないものとして取り扱われた経緯がある。加えて、現代においても、土地利用の需要という点では、他の地域種別の土地と比較すれば高いとはいえないことも多く、一般的に筆界を示すために設置される境界標が現地に存するという例外的な場合を除いて、表示点の評価を厳密なものとすると、かえって高コストとなり、土地利用の状況等から考えて現実的なものではなくなると考えられる。

　これらの状況を踏まえると、山林・原野地域においては、現地に境界標が存しない場合には、表示点を筆界点として認定することには合理性があるというべきである。

　ただし、筆界の調査・認定の対象となる土地が山林・原野地域に存している場合であっても、当該土地及びその周辺の土地が何らかの用途に供されているため人工的な筆界に関する現況が多く存しているなど、土地の利用状況に照らし、あるいは、近い将来に宅地造成等が具体的に計画されているなどの将来における開発計画等の内容に照らし、山林・原野地域に存する土地と扱って筆界の調査・認定をすることが相当ではないこともある。そのような土地については、むしろ市街地地域の要件を当てはめるのが適切であると考えられる。

ウ　村落・農耕地域

　村落・農耕地域の筆界に関する現況は、道路、用水路、畔（あぜ）等のほか、土地改良法（昭和２４年法律第１９５号）に基づく土地改良事業が実施された地域では、農地と他の農地との境にコンクリート製の工作物が設置されている場合や境界標が設置されている場合がある。また、村落では、土地利用が市街地地域に近いものが見られることがあるなど、筆界に関する現況を考慮した表示点の評価に関しては、市街地地域と同様の考え方を採ることが考えられる。

　他方で、山間部に村落・農耕地域が存する場合は、市街地地域ほどの厳密な筆界の調査・認定を行う必要性は低く、一律に筆界に関する現況を考慮した表示点の評価をすることは相当ではないとの考え方があり得る。しかし、山間部に存する村落・農耕地域の土地であっても、その区画は市街地地域に存する土地と同様に、自然に形成されたものではなく、居住又は耕作の目的をもって人

8

が手を加えた結果において形成された区画であることも多いものと考えられる。また、その区画された一筆の土地の地積は、山林・原野地域に存する一筆の土地の地積と比べて小さいのが一般的であり、筆界の位置のずれによる影響が山林・原野地域に存する土地よりも大きいことが考えられ、加えて日常的に管理及び使用収益されてきた土地であることを踏まえると、むしろ、市街地地域に存する土地と同様に扱うのが合理的であると考えられる。

　これらの状況を踏まえると、村落・農耕地域においては、原則として市街地地域の要件を当てはめ、市街地地域の要件により難い事情があるケースに限り、山林・原野地域の要件を当てはめることが考えられる。

2　図面に記録された情報が一筆の土地についての情報である場合と一定の地区全体の各土地についての情報である場合の区分について

　次に、図面に記録された情報（以下「図面情報」という。）がどの範囲の土地についてのものかによっても検討すべきポイントが異なり得ることから、この点を考慮して基準を異なるものとしている。

　すなわち、図面情報には、地積測量図、筆界特定図面、判決書図面等のように一筆の土地についての図面情報（以下「一筆地の図面情報」という。）と、１４条１項地図のように一定の地区に属する各土地についての図面情報（以下「広範囲の図面情報」という。）とがある。

　このうち、筆界の復元基礎情報が広範囲の図面情報である場合には、一筆地の図面情報である場合と異なり、例えば、市街地地域において現地に境界標が存しないときであっても、記録されている一定の範囲の各土地の座標値と現地の状況との位置関係を全体として照合、分析を行い、現地における元々の筆界点の位置を画地調整して導き出すことにより、一定の範囲の各土地の整合性が確保されるため、必ずしも境界標の設置状況を考慮する必要がなくなると考えられることによるものである。

　これに対し、筆界の復元基礎情報が一筆地の図面情報である場合には、境界標をも考慮して表示点の信頼性を検証する必要性は高いと考えられる。そのため、図面情報の種別ごとに、土地の区画が明確であると認められるための要件には違いが存することになるものと考えられる。

3　表示点の位置に対して適用する誤差の範囲について（(1)ア、(1)ウ、(1)オ、(2)カ関係）

　測量では、「誤差」は真値に対して常に付随しており、未知の値を得るために観測を何回か行うと、ある程度似た近い値である「近似値」を得ることはできるものの、誤差を完全に取り除くことは不可能であるため、「真値」を得ることはできないとされている。そこで、測量では、真値に最も近い値である「最確値」を得るために、最小二乗法の理論「観測した数量の最確値は、誤差の二乗の和を最小とする値となる」を適用し、測量成果に対して、その精度を定量的に評価することとして

9

いる。

　測量の精度を具体的な数値として表現する方法の一つとして「標準偏差（平均二乗誤差）」が用いられ、標準偏差の３倍にあたる値を「狂差」というが、国土調査法（昭和２６年法律第１８０号）の規定では、この狂差にあたる値を「公差」と称している。

　筆界点の位置誤差の公差は、ある一つの与点に基づいて測定した筆界点について、これ以上の誤差をもってはいけないという限界値（測定値棄却限界）を示したものである。そのため、例えば、表示点の位置に対して、公差の範囲内に境界標の指示点が存し、当該範囲内の他の位置に筆界点を推測させるような状況がないケースなど、復元の要素である座標値に含まれる誤差の限界を超えない範囲内に筆界を強く推測させる物理的な状況が存する場合には、その物理的な状況を筆界点として認めることが可能であると考えられる。

　他方で、大都市部の市街化された地域等では、土地の細分化に伴い境界標が近接した位置に設置されているケースがあり、また、囲障、側溝等の工作物の設置が多く見られるなど、公差の範囲内に筆界を推測させる物理的状況が複数存在することも少なくない。このような状況に加えて、近年の測量技術や機器の発達により測量の精度が向上していることを考慮すると、数値法による測量により得られた座標値を復元の要素とする場合には、具体的事情に応じて許容する誤差の範囲を平均二乗誤差の値の範囲とすることもあり得ると考えられる。

4　広範囲の図面情報である場合における画地調整について（(1)イ関係）

　画地調整は、一般に、土地を分割する場合に分割後の土地の面積及び各辺の距離を求める区画計算を行う分筆型と土地の位置の特定又は筆界点の復元を行う場合に、基礎測量を実施して、当該測量成果と各種資料との照合・点検を行った上で、土地の面積及び各辺の距離の調整計算を行う復元型があるとされている。ここでの画地調整は、現地に境界標が存しない場合において、申請土地と申請土地の周辺の土地との均衡を図りつつ、本来あるべき現地における筆界点の位置を見いだすために行うものであるため、復元型の画地調整を想定している。

　なお、土地家屋調査士が申請代理人となっているケースにおいては、不登規則第９３条ただし書きの調査報告書に画地調整の範囲、手法等の登記官の審査に必要な情報を明らかにしておくといった対応を行うことが望ましいものと考えられる。

5　地積測量図に記録された境界標の種類と同種ではない境界標が設置されている場合等について（(1)ウ、(1)オ、(2)カ関係）

　境界標の指示点と筆界点との関係において、現地に境界標が設置されている場合であっても、地積測量図に記録された境界標の種類と同種ではない境界標が設置されている場合や地積測量図に境界標の記録はないが現地に境界標が設置されている場合には、表示点の公差（位置誤差）の範囲内に現地の境界標の指示点が存するとしても当該指示点を直ちに筆界点として認定することは困難ではないか、また、境

10

筆界の調査・認定の在り方に関する検討報告書 ｜ 21

界標が設置されている場合であっても、その設置者、設置経緯等の背景事情、筆界が創設された経緯、筆界に関する現況等を考慮した上で境界標の指示点が筆界点として相当であるかを判断する必要があるのではないかとする意見があった。

地積測量図に記録された境界標の種類と同種ではない境界標が設置されている場合とは、当初に設置された境界標が何らかの事情で取り除かれたため新たな境界標を設置したケース等が考えられ、地積測量図に記録されていない境界標が現地に存する場合とは、筆界関係登記の申請時には境界標が設置されていなかったため当該申請に併せて提供された地積測量図に境界標の記録はないが、その後に境界標を設置したケース等が考えられる。いずれの場合にも境界標の設置誤差や設置位置の誤りを考慮する必要はあるものの、表示点の公差（位置誤差）の範囲内に境界標の指示点が存している場合には、境界標の指示点が筆界点であるとする一定の推認力が働くと考えられ、境界標の指示点が筆界点であることを否定する資料がないときには指示点をもって筆界と認定することは可能であると考えられる。そのため、地積測量図に記録された境界標の種類と実際に設置された境界標の種類とが同一であることは要件とはしていない。

なお、ここでも、境界標の設置者、設置経緯等の背景事情、筆界が創設された経緯、境界標以外の筆界に関する現況等を総合的に勘案した上で判断する必要があることに注意を要する。また、境界標は、隣接関係にある土地の所有者の一方によって隣接土地の所有者の確認を得ないまま設置されるケースや、一方の所有者によって勝手に移設されるケースもあることは常に念頭に置いておく必要があると考えられる。

6　判決書図面について（(1)カ、(2)オ関係）

判決書図面の内容としては、筆界の復元基礎情報が記録されている場合と記録されていない場合とがある。このうち、筆界の復元基礎情報が記録されている場合には、地積測量図と同様の考え方を採用して筆界の調査・認定が可能である。復元基礎情報の記録がない場合であっても、囲障、側溝等の工作物の描画があり、それら囲障等に沿って筆界が存するなど図面上において筆界の位置が図示されているケースでは、同図面の作成当時と現況の工作物との間で物理的状況に変化がなく、現地において図面に図示された筆界点の位置を確認することができるときは、当該位置を筆界として認定することは可能であると考えられる。

7　その他（複数の境界標以外の筆界に関する現況の指示点と考えられる位置が整合している場合について）

筆界認定に当たって考慮すべき筆界に関する現況は、一般に、筆界を現地において明らかにすることを設置目的とし、その指示点が明確である境界標と筆界を現地において明らかにすることを主たる設置目的とはせず、その指示点が複数の点の位置又は範囲である境界標以外の筆界に関する現況とでは筆界が明確であるとする場合の考慮要素としての評価に差が生じることになると考えられるため、これを区分

11

して検討を行っている。

　筆界の復元基礎情報に基づく表示点は一定の測量精度の範囲内に復元されるにとどまり、そのため、境界標以外の筆界に関する現況については、その指示点が明確であるとまではいえず、設置者、設置目的及び設置経緯を勘案する必要や、場合によっては設置工事の施工誤差をも勘案する必要が生じること等を踏まえると、境界標以外の筆界に関する現況を考慮要素として筆界が明確であるとすることは困難であると考えられる。

　このような検討を行う中で、本文に記載してはいないものの、一筆地の図面情報において、境界標以外の筆界に関する現況が存しているときに、複数の境界標以外の筆界に関する現況の指示点と考えられる位置が整合しているケースであれば、当該位置を筆界点として認定することは可能ではないかとする意見があった。

　この点について、複数の境界標以外の筆界に関する現況の指示点が一致し、当該指示点と復元点がほぼ一致しているようなケースでは、当該指示点を筆界点として認定することも可能であるとする考え方があり得ると考えられる。

3　筆界が明確であると認められる場合の筆界確認情報の提供等について

　2により申請土地に係る特定の筆界が明確であると認められる場合には、当該筆界については、筆界確認情報の提供等を求めることなく筆界認定を行うべきである。

（補足説明）

　上記2に記載したところにより筆界が明確であると認められる場合については、筆界確認情報の内容を考慮するまでもなく登記官の筆界認定の心証形成が可能であると考えられるため、筆界確認情報の提供等を求める必要性は低く、あえてその提供等を求める合理的な理由があるとはいえないため、筆界確認情報の提供等を不要とするべきであると考えられる。

　なお、上記2の要件を満たさない場合であっても、筆界に関する登記所保管資料、登記所外に保管されている資料、実地調査の調査結果等に基づき、筆界の現地における位置及び形状について心証が得られるケースがあるものと考えられる。そのようなケースにおいても、筆界が明確である場合に該当するものと考えられ、同様に筆界確認情報の提供等を求める必要性は低いと考えられる。

第2　筆界が明確であるとは認められない場合における筆界の調査・認定

1　筆界確認情報の作成主体となり得る者が複数存する場合における筆界確認情報の提供等について

　(1)　隣接土地を共有登記名義人又は未登記相続人の一部の者が外部的に認識可能な状況で占有しているケース

　　隣接土地について、共有登記名義人又は未登記相続人の一部の者が、外部的に認識可能な状況で占有しているケースにおいては、当該占有している者の筆界確認情報の提供等で足りるとし、他の共有登記名義人又は未登記相続人が作成主体となった筆界確認情報の提供等を求めないこととすべきである。

12

（補足説明）

1　筆界が明確であると認められないために筆界確認情報の作成を求めることに理由があるとみられるケースについても、その作成主体となり得る者が複数であるときには、登記官において筆界に関する心証形成を図ることができる限度で筆界確認情報の提供等を受ければよいと考えられる。

　　そこで、第2の1では、このような観点から、いくつかのケースについて検討を行っている。

2　占有の状況は様々なケースが考えられるため、ここでは、外部的に認識可能な状況で占有をしているものに限ることとしているが、例えば、被相続人とその相続人の一部の者が隣接土地に建築された建物に同居していたが、被相続人の死亡後も当該相続人が引き続き居住しているケースなどを典型例として想定している。

3　このようなケースにおいては、占有者である共有登記名義人又は未登記相続人が筆界を知り得ない等の特別な事情がない限り、占有者である共有登記名義人又は未登記相続人の筆界に関する認識は、筆界を知り得る者の証言（人証）としての証明力（登記官の心証を動かす力）が他の共有登記名義人又は未登記相続人よりも高いと考えられるため、他の共有登記名義人又は未登記相続人から筆界確認情報の提供等を求める必要性は低く、他の共有登記名義人又は未登記相続人が所在不明者等であるか否かを問わず、占有者である共有登記名義人又は未登記相続人の筆界確認情報の提供等で足りるものと考えられる。

4　他方で、他の共有登記名義人又は未登記相続人の所在等が登記記録上の住所等から容易に判明する場合には、他の共有登記名義人又は未登記相続人の筆界確認情報の提供等を求めることを許容すべきではないかとの意見があった。

　　この点については、占有者である共有登記名義人又は未登記相続人の筆界確認情報の提供等によって登記官において筆界に関する心証形成を図ることができるケースにまで、占有者以外の他の共有登記名義人又は未登記相続人に対して筆界確認情報の提供等を求める必要性は低く、合理的な理由に乏しいと考えられるため、このようなケースでは、登記官が筆界確認情報の提供等を求めることを許容すべきではないと考えられる。

　　もっとも、登記官が筆界確認情報の提供等を求めないとしても、他の共有登記名義人又は未登記相続人が本人の自由な意思に基づいて相互に筆界を確認し、これを書面化しておくことで、将来のいさかいや混乱が生じることを防止しようとすることは特に妨げられるものではない。

　　また、占有者である共有登記名義人又は未登記相続人の筆界確認情報の提供等により登記官において筆界に関する心証形成を図ることが可能なケースであっても、例えば、大都市中心部に存し、多数の権利に関する登記がされている土地の筆界を

13

調査・認定する場合など、申請土地及びその周辺の土地の状況から特に慎重な判断を要する事案では、他の共有登記名義人又は未登記相続人から筆界確認情報の提供等までは求めないとしても、念のため、登記官の実地調査の過程や土地家屋調査士の現地調査の過程で現地立会いの方法で筆界の確認を行うことは許容されると考えられる。ただし、他の共有登記名義人又は未登記相続人のうち、その所在等が登記記録上の住所等から容易に判明し、かつ、近隣に居住している者に限り現地立会いを求めるなど、申請土地の所有権の登記名義人に過重な負担を強いることとならないように配慮する必要があると考えられる。このほか、現地立会いの方法で筆界の確認を行った場合で土地家屋調査士が申請代理人となっているケースにおいては、現地立会いを行った者、現地立会いの状況及びその結果を不登規則第９３条ただし書きの調査報告書に記録するといった対応を行うことが望ましいものと考えられる。

(2) 隣接土地に占有者が存せず合理的な方法で探索をしてもなお隣接土地の共有登記名義人又は未登記相続人の一部の者の所在等が知れない (注3) ケース
　　ア　所在等が不明な共有登記名義人・未登記相続人についての取扱い
　　　　隣接土地に占有者が存せず、かつ、合理的な方法での探索をしてもなお共有登記名義人又は未登記相続人の一部の者の所在等が知れないケースでは、当該探索の結果、所在等を把握することができた共有登記名義人又は未登記相続人に筆界の確認を求めた上で、そのうちの筆界確認情報の提供等が可能な者の筆界確認情報の提供等で足りるとすべきである。
　　イ　合理的な方法での探索を行ったといえる方法について
　　　　住民票（除票を含む。）の写し、戸籍の附票の写し、戸籍（除籍を含む。）の謄本、法人の登記事項証明書等の公の機関が発行する情報を取得可能な範囲で収集し、当該情報を基礎として相当な方法で探索をするとともに、所在等を把握することができた共有登記名義人又は未登記相続人から所在不明者等の所在等を聴取する方法で探索を行えば、「合理的な方法での探索」を行ったものとすべきである。
　　（注3）　隣接土地の共有登記名義人又は未登記相続人の一部の者の所在等が知れないケースと同様の問題が生じ得るケースとして、例えば、共有登記名義人又は未登記相続人のうちの一部の者について、認知機能が著しく低下している、疾病等で重篤な状態にあるなどの状況が考えられる。このような者に対して、筆界確認情報の提供等を求めてもその実現は困難であり、所在等が知れない者と同様に取り扱うことが合理的であると考えられる。

（補足説明）
１　所在が不明な共有登記名義人や未登記相続人についての取扱い
　　隣接土地の共有登記名義人が自然人又は法人である場合において、登記されている共有登記名義人の氏名又は名称及び住所から現在の所在を把握することがで

きない所有者不明土地が発生しているため、筆界確認情報の提供等に困難を伴うことがある。また、隣接土地の共有登記名義人が自然人であり、相続の発生を確認することができる場合において、①相続人は全部判明し、生存も確認できているが一部の相続人について現在の所在を把握することができないケース、②その相続関係の一部が不明であり、一部の相続人の特定が困難であるケース、③一部の相続人について死亡の有無が不明であり、所在も確認することができないケース等（これら所在が不明な者及び特定が困難な相続人等を総称して、以下「所在不明者等」という。）においても、所有者不明土地ということができ、同様に、筆界確認情報の提供等に困難を伴うことがある。

このように、近時、登記名義人等の所在が不明であったり、特定が困難である所有者不明土地が発生しているケースが少なからず生じており、これに伴って様々なコストが生じている。

このような、所在不明者等の探索における過重な負担を軽減するという観点については、例えば、所有者不明土地の利用の円滑化等に関する特別措置法において定められた土地収用法の特例に現れており、公共事業のために土地収用を行う前提としての土地所有者の探索に関して、土地の登記事項証明書や住民票等の調査を行うことが想定されているが、地元精通者等への照会等については、合理的な範囲に限り行うものとされていること（「所有者不明土地の利用の円滑化及び土地の所有者の効果的な探索に関する基本的な方針」（平成３０年法務省・国土交通省告示第２号）第２の１、別紙資料２）に見られる。

また、法制審議会民法・不動産登記法部会においては、登記された存続期間が満了している権利に関する登記について、「相当な調査が行われたと認められるものとして法務省令で定める方法により調査を行ってもなお共同して登記の抹消を申請すべき者の所在が判明しない」ときに、公示催告及び除権決定の手続を経て、単独で抹消の申請をすることができるとしているが（民法・不動産登記法（所有者不明土地関係）の改正等に関する要綱第２部、第４の１（１）参照）、ここでも、現地調査を必須のものとしないなど、登記名義人の調査方法を合理的なものに限定する方向性が示されている。

そこで、合理的な方法での探索をしても、なお共有登記名義人又は未登記相続人の一部しか把握することができない場合については、筆界確認情報の提供等を要しないとすることが考えられる。

なお、「注３」において、所在等を把握することができた共有登記名義人や未登記相続人であっても、筆界確認情報の提供等を求めてもその実現が困難であるケースについては、所在等が知れない者と同様に取り扱うことが合理的であるとしているが、このケースには、合理的な理由がないにもかかわらず筆界の確認を拒否する者が含まれるとする考え方があり得ると考えられる。

2　合理的な方法での探索について
　合理的な方法での探索の具体的な在り方としては、例えば、次のようなものが

15

考えられる。

　自然人については、住民票（除票を含む）の写し、戸籍の附票の写し及び戸籍（除籍を含む。）の謄本を収集することを基本に、その者の特定及び住所の把握を行うこととし、当該住所地に居住している事実の確認は、現地調査を行うまでもなく現地立会いへの依頼を内容とする文書等を郵送し、その到達の有無により判断することを認めるのが合理的である。

　他方で、申請土地の近隣住民に対して事情聴取の方法によって隣接土地の共有登記名義人又は未登記相続人の所在を確認することについては、近時における近隣関係の希薄化やプライバシーへの配慮を踏まえると、有益な情報を得られる可能性は低いと考えられる。また、隣接土地の共有登記名義人又は未登記相続人の住所地の近隣住民に対して同様の方法で調査を実施することも負担が過重であり、実現可能性に乏しいと考えられる。

　そこで、関係者等からの事情聴取の方法による所在等の調査は、所在を把握することができた共有登記名義人又は未登記相続人にとどめ、それ以上の調査を必須のものとはしないことが適切であると考えられる。

　次に、共有登記名義人が法人である場合には、その法人の主たる事務所の所在地及び代表者等の商業・法人登記記録上の住所地に郵便等を郵送し、これが返送された場合には、その法人の所在が不明であると扱うことで足りるものと考えられる（当該法人の代表者が欠けているケースにおいてもその選任及び登記まで求める必要はないものと考えられる。）。

3　その他

　以上に加えて、合理的な方法での探索の結果、所在等を把握することができた共有登記名義人又は未登記相続人のうちの一部の者について、日本国外に居住している等の状況から現地立会いや筆界確認情報の提供等を行うことが過重な負担となるケースも考えられるが、このようなケースでは過重な負担とならない態様で筆界確認情報の提供等を行えば足りるとすることも考えられる。

　また、合理的な方法での探索の結果、所在等を把握することができた共有登記名義人又は未登記相続人の人数が相当数に上るといったケース等では、所在等を把握することができた全員の者に筆界確認情報の提供等を求めることが過重な負担となるケースも考えられるが、このようなケースでは所在等を把握することができた者のうち、土地の事情に精通している者が、過重な負担とならない態様で筆界確認情報の提供等を行えば足りるとすることが考えられる。

　なお、所在等を把握することができた者のうち、土地の事情に精通している者が誰であるのか不明である場合やそのような者が存在しない場合は、現地立会いに係る移動の負担が少ない住所地に居住する共有登記名義人や未登記相続人、所有権の登記名義人との親族関係において近親の関係に当たる未登記相続人等が筆界確認情報の作成主体となることが考えられ、これらの者が過重な負担とならない態様で筆界確認情報の提供等を行えば足りるとすることも考えられる。

16

これらの工夫は、実務上、当該土地の特性や所有・利用の履歴等も勘案しつつ、個々の事案に応じて行われるべきものであることは当然である。

2　隣接土地の所有権の登記名義人、共有登記名義人又は未登記相続人の全部の者の所在等が不明である場合における筆界確認情報の提供等について
　(1)　合理的な方法で探索をしてもなお隣接土地の所有権の登記名義人、共有登記名義人又は未登記相続人の全部の者の所在等が知れないケースで隣接土地に使用収益の権限を有することが明らかな者が存する場合
　　　隣接土地の所有権の登記名義人、共有登記名義人又は未登記相続人の全部の者の所在等が合理的な探索をしてもなお不明である場合において、隣接土地の一筆全体について使用収益の権限を有することが当該土地の登記記録の内容、当該土地を敷地とする建物の登記の存在、その他の事情をもって明らかである者（以下「使用収益権者」という。）が筆界について合理的な根拠をもって説明することが可能であるケース等、筆界認定の有力な人証となり得るときにおいては、使用収益権者を筆界確認情報の作成主体とすることを許容すべきである。

（補足説明）
1　隣接土地の所有権の登記名義人、共有登記名義人又は未登記相続人の全部の者の所在等が合理的な探索をしてもなお所在等が不明である場合において、当該土地に関して使用収益権者が存しているケースは、まれであると考えられるが、このようなケースでは筆界確認情報の作成主体となる者が存在しないこととなることに鑑みると、例えば、使用収益権者のように土地に何らかの関わりがあり、筆界を知り得ると考えられる者が存するときには、筆界の調査・認定の資料として利用する範囲においては、筆界確認情報の作成主体となることを許容することが合理的であると考えられる。

2　使用収益権者としては、当該土地に登記されている地上権者、賃借権者、一筆全体を地役権の範囲とする地役権者が考えられる。このほか、当該土地上に登記された建物の所有権の登記名義人等である借地権者や使用貸借権者なども該当するものと考えられる。
　　なお、使用収益権限については申請人から提供された疎明資料から認定することができる必要がある。

3　使用収益権者による土地の利用状況等は、事案によって様々であることから、一律に筆界確認情報の作成主体とすることは相当とは考えられないが、例えば、使用収益権者が長期間にわたって外部的に認識可能な状況で使用収益を継続しているケースや所有権の登記名義人の親族がその許諾を得て建物を所有しているケースなどでは、筆界の位置及び形状を知っている蓋然性が相当程度あることから、使用収益権者が認識する筆界の位置及び形状を合理的な根拠をもって説明が可能である場合

17

などは、有力な人証と扱うことが可能であると考えられる。

(2) (1)のケースで隣接土地の過去の所有権の登記名義人との間で筆界確認情報を作成している場合

隣接土地の所有権の登記名義人、共有登記名義人又は未登記相続人の全部の者の所在等が合理的な探索をしてもなお不明である場合に、過去のある時点に土地の所有権の登記名義人であった者（以下「過去の登記名義人」という。）がその所有権の登記名義人である間に作成した筆界確認情報であっても、筆界確認情報の内容とする筆界を当該情報からその位置を現地に復元することが可能であり、現況が作成当時から変化していないなど、図面に記録された情報によって現地における筆界を調査・認定することが可能であるときは、これを利用することを許容すべきである。

（補足説明）

1 筆界確認情報の作成主体となる者が存在しない場合においては、過去の登記名義人がその所有権の登記名義人である間に作成した筆界確認情報であっても、筆界確認情報に記録された情報が筆界の復元基礎情報となり得る情報であり、当該情報の作成当時の工作物が現存しているケースについては、当該情報に記録された工作物と筆界点との位置関係と現存する工作物と表示点又は復元点との位置関係とが一致するときには、当該筆界確認情報を利用することは可能であるとする考え方があり得ると考えられる。

2 さらに、過去の登記名義人であった者が所有権の登記名義人である間に作成した筆界確認情報が、その作成の当時に、筆界関係登記の申請において筆界の調査・認定の資料として採用されている場合には、地積として登記記録に反映され、地積測量図の記録内容として公示されていることになるため、筆界確認情報の作成主体となる者が存在しないケースに限らず、筆界確認情報の作成主体となる者が存在するケースについても、その者の筆界確認情報の提供等を不要とし、過去の登記名義人であった者が作成した筆界確認情報の提供等で足りるとするべきであるとの意見があった。

確かに、筆界を知り得る者の証言（人証）としての証明力は、それが現在の所有権の登記名義人である方が過去の所有権の登記名義人よりも高い、又は低いとは一般的にいうことができないため、そのような考え方にも根拠があると考えられる。

他方で、筆界確認情報の性質上、誤認が含まれている可能性を完全に否定することができないことから、筆界確認情報の作成主体となるべき者が現に存在しているケースにおいては、所有者の探索に大きな負担がかかるケースや、筆界の確認や筆界確認情報の作成に当たって不当な対価を請求するなど、筆界確認情報を作成することに過重な負担となるケースを除き、やはり現在の所有権の登記名義人が作成主体となった筆界確認情報の提供等を求めるか、少なくとも、現地立会いを行うことに過重な負担となる場合を除いて、その者の筆界の認識を現地立会い等で聴取し、

18

これを不登規則第９３条ただし書きの調査報告書に記録するなどの必要があるとも
考えられる。

「筆界の調査・認定の在り方に関する検討報告書」の概要

法務省民事局民事第二課

　近年、相続が発生しているにも関わらず、相続登記がされていないこと等を原因として、不動産登記簿を見ただけでは所有者が直ちに判明せず、又は判明しても連絡がつかない、いわゆる所有者不明土地が生じ、民間の土地取引や公共事業の用地取得など様々な場面において問題となっている。そして、所有者不明土地は土地の地積の更正や分筆の登記などの表示登記の実務においても筆界の調査・認定に困難をきたすなどの弊害を生じ、ひいては民間の土地取引や公共事業の実施の妨げになっていると指摘されている。

　ところで、土地の地積の更正の登記や分筆の登記などを申請する際、実務においては、相互に隣接する土地の所有権の登記名義人等が現地立会い等をすることで土地の筆界を確認し、その上で、その認識が一致したこと及びその地点を特定して示すことを内容とする情報（以下「筆界確認情報」という。）を作成し、これを登記官に提供するという慣行が広く定着している。

　しかし、所有者不明土地の増加等を原因として、筆界確認情報が得られなかったり、その取得に困難を伴うケースが増加している。また、法務局によっては一定のケースについては筆界確認情報を求めないこともあるが、その運用が統一されているとはいえず、その利用の在り方を整理するべきであるといった指摘もあった。

　このような情勢を受け、登記実務の観点から筆界の調査・認定の在り方について検討することを目的とする「筆界認定の在り方に関する検討会」（以下「検討会」という。）が、一般社団法人金融財政事情研究会の主催により発足した。

　検討会は、土地家屋調査士、弁護士、司法書士等の実務家に加え、法学研究者や有識者、財務省、国土交通省、法務省、法務局等の関係省庁を構成員とし、令和2年1月から4回にわたって開催されてきたところ、今般その検

討結果が「筆界の調査・認定の在り方に関する検討報告書」として取りまとめられた。

　検討会においては、そもそも筆界確認情報の意義がどのようなものであるかやその果たすべき役割についての検討を前提に、筆界確認情報の作成・提供が不要なのはどのようなケースなのか、これを要するとしても作成主体を限定することができないか（共有土地については、共有者の一部の者で足りるとすることができないか）などが検討されている。

　本報告書は、基本的な考え方を整理した「本文」と、その考え方に基づいてより実務的に代表的なケースを類型的に整理した「資料」とに分かれている。

　以下は、本報告書の要約である。

第1　はじめに（「本文」第1）

　土地の表示に関する登記（表題登記、地積の変更又は更正に関する登記及び分筆の登記。以下「筆界関係登記」という。）の申請・嘱託の際には、実務上、筆界確認情報が提供されることが少なくない。

　他方、隣地所有者が不明であるケースなど、筆界確認情報を得ることに困難を伴う場合があり、このことが円滑な不動産取引の阻害要因となっているとの指摘がされている。

　また、平成17年に不動産登記規則（平成17年法務省令第18号）が施行され、地積測量図には筆界点の座標値を記録するものとされ、不動産登記法（平成16年法律第123号）第14条第1項の地図（以下「14条1項地図」という。）も含めて、図面に図示された特定の点や線を現地に復元することができる能力（以下「現地復元性」という。）を備えた資料が登記所に保管されるようになってきていることから、一律に筆界確認情報を求める必要はないのではないかとの指摘もされているところである。

　検討会では、登記実務の観点から、筆界確認情報を得ることが困難な場合等を主として念頭に置きつつ、筆界関係登記における筆界の調査・認定の在り方を整理することを目的として検討を行っており、本報告書は、筆界の調査・認定の在

り方の方向性とその課題を提示しようとするものである。

第2　筆界の調査・認定の在り方（「本文」第2）
1　筆界の調査・認定の基本的な考え方について
　登記所に登記が申請された場合には、登記官は、その申請に関するすべての事項を審査しなければならないこととされている（不動産登記規則第57条）。したがって、筆界関係登記の申請の審査において、登記官は、当該申請に係る土地の筆界の全てについて、申請情報に併せて提供される地積測量図に記録された筆界の位置及び形状に誤りがないことを調査することとなる。

　調査の対象となる筆界とは、国家が行政作用により定めた公法上のものであって、関係する土地の所有者の合意によっては処分することができない性質のものである。

　登記官は、筆界の調査に当たって、調査の対象となる土地の筆界が形成された当時に作成された客観的な資料を基礎とし、加えてその他の参考となる資料を総合的に勘案することにより、合理的な判断をすることができるものと考えられる。

　具体的には、旧土地台帳附属地図や地積測量図等の書証、現地の既設境界標や恒久的地物、境界工作物（ブロック塀やフェンスなど）等の物証、申請土地と隣接土地との所有権登記名義人等における筆界の認識等の人証の各種資料等が挙げられるが、資料が乏しいケースでは、入手可能な資料の中でどの資料を基礎として筆界の調査・認定を行うのが合理的であるかという観点からの資料の評価が重要である。

2　登記所における筆界確認情報の利用の現状について
　筆界の調査・認定は、現地復元性を備えた信頼性のある資料が存在する場合を除き、相当な困難性を伴う作業である。現状では、筆界に関して現地復元性を備えた信頼性のある資料としては一定の内容が記録された地積測量図又は14条1項地図が存在するが、これらの備付けは一部の土地に限られている。

　このような状況下において、登記官は、筆界を調査し、認定する際、筆界確認情報の提供等を求め、筆界認定の有力な証拠として取り扱っているのが実情であ

る。

　なお、筆界確認情報は、法令で提供を義務付けているものではなく、法務局・地方法務局の不動産の表示に関する登記の実務上の詳細な取扱いを定めた法務局等の長の訓令、通達等に基づき事実上提供を求めているものであり、登記実務の慣行ともいえるものである。

3　筆界の調査・認定に当たっての筆界確認情報の利用の在り方について

　筆界は、国家が行政作用により定めた公法上のものであって、関係する土地の所有者がその合意によって処分することができないものであるが、土地の境界に「筆界」や「所有権界」などの種別があることは一般には理解が広まっていないのが現状である。

　しかし、所有権界が筆界形成当時の位置を大きく外れるという事態は例外的なものであり、原則的には所有権界と筆界は一致するものと考えられ、土地の所有権の登記名義人の境界に関する認識が結果的に筆界を示していることが少なくない。

　他方、筆界の創設から一世紀以上経過していることや筆界確認情報が当事者の認識に依拠する人証であることを考慮すると、筆界確認情報を筆界の調査・認定の資料とするとしてもその信頼性については適切に評価することが必要である。資料として採用する場合であっても、当該情報のみに依拠することは必ずしも相当でなく、筆界の認定は、他の筆界の認定の資料を総合考慮した上で行うべきである。

　近年においては、筆界に関する登記所保管資料も増大しつつあり、一定の精度を有する地積測量図及び14条1項地図などの資料が存するため、筆界確認情報の提供等を求める必要性に乏しいと考えられるケースが出現しているほか、所有者不明土地など、筆界確認情報の作成に困難を伴う場合が増加してきている。

　これらの諸事情の変化に鑑みると、筆界関係登記の申請に際して幅広く筆界確認情報の提供等を求める登記実務上の取扱いについては、現在の社会情勢を踏まえつつ合理的な範囲に絞り込むことが必要であると考えられる。

　これに対し、筆界に関する登記所保管資料等の書証や筆界に関する現況等の物証が乏しいときは、筆界関係登記の申請の処理期間として一般に許容される期間

内に筆界を調査・認定することに困難が伴うことはあり得る。このようなケースを念頭に置けば、筆界確認情報を適切な範囲で利用すること自体は引き続き否定されるものではないが、筆界に関する登記所保管資料や筆界に関する現況等に鑑みれば筆界は明確であるといい得る場合にまで、一律に筆界確認情報の提供等を求めることには、少なくとも不動産登記の審査の観点からは合理的な理由に乏しいといわざるを得ないと考えられるため、筆界確認情報の提供等を不要とするべきであると考えられる。

　また、仮に筆界が明確でないために筆界確認情報の提供等を求めることに理由があるとみられるケースについても、その作成主体となり得る者が複数であるときには、登記官において筆界に関する心証形成を図ることができる限度で筆界確認情報の提供等を受ければ足り、一律に、例えば全ての共有登記名義人から筆界確認情報の提供等を受ける必要はないものと考えられる。

　このほかに、同様のケースで、合理的な探索をしてもなお隣接土地の所有権の登記名義人又はその相続人の全員の所在等が知れず、筆界確認情報の作成主体となり得る者が不明である場合において、例えば、過去に隣接土地の所有権の登記名義人であった者や隣接土地の全部について使用収益の権限を有することが客観的に明らかな者が作成主体となった筆界確認情報の提供等により登記官が筆界に関する心証形成を図ることができるときなど、一定の類型については、筆界の確認を行う時点における所有権の登記名義人以外の者が筆界確認情報の作成主体となることを許容することが考えられる。

　このような基本的な考え方に基づいて、筆界の調査・認定に当たっての筆界確認情報の利用の在り方につき、改めて検討を加えたものが、別添資料であり、一定の条件の下では筆界確認情報の提供等を不要とすることが合理化されるとの判断を類型的に示している。なお、ここで筆界確認情報を利用しなくてよいとされているケースについても、個別の事案における具体的な事情に応じて筆界確認情報の利用による筆界の調査・認定が例外的に必要となることはあり得る。他方で、ここで筆界確認情報を利用することが考えられるとされているケースであっても、登記官が個別の事案に応じて筆界確認情報を利用することなく、客観的な資料や事実関係に基づき筆界の調査・認定を行うことが妨げられるものではない。

4　付言

　永続性のある境界標の設置は、民間の土地取引のほか、公共事業や防災事業の用地取得等の円滑化に繋がるものと考えられるが、設置自体はその当事者の自由意思に委ねるほかはなく、永続性のある境界標の設置がされていないことも少なくない。他方で、国等が街区単位以上の範囲で何らかの事業又は事業の前提として民有地間の筆界等の調査・確認を実施した状況においては、確認された筆界の判断の合理性は高いものと推定され、当該筆界の各点の位置に永続性のある境界標を正確に設置して、土地の地籍及び現況の明確化を図ることには、公益性の観点から極めて大きな意義があるものと考えられる。

　したがって、今後、国等が実施する事業において、民有地間の筆界等の調査・確認を行った場合には、事業主体である国等が地域ごとの慣習に応じた永続性のある境界標を設置することの意義を改めて検討することが望まれる。

第3　おわりに（「本文」第3）

　本報告書において示した筆界の調査・認定の在り方の方向性は、筆界関係登記の申請の審査に当たって一定の要件の下でその処理を可能とする方策を一般的に示すものであり、所有者不明土地により生じている問題の解決に、少なからず、寄与するものであると考えられる。

　現地復元性を備えた信頼性のある資料が存しない場合における筆界の調査・認定はそもそも相当な困難性を伴う作業であることを踏まえると、ここに示された筆界の調査・認定の在り方の方向性は登記所職員の負担をこれまでよりも増加させるものと考えられるが、登記実務上の課題の解決に向けて積極的に対応することが望まれる。

第4　別添「資料」について（「資料」には、詳細な「補足説明」も付されているが、ここではその紹介を割愛する。）

1　現地復元性について

　以下の(1)から(3)までに掲げるいずれかの情報が図面に記録されている場合には、理論上図面に図示された筆界を現地に復元することが可能であると考えられる。ただし、(2)及び(3)に掲げる場合には、近傍の恒久的地物又は測量の基点とな

る点が現地に現存していることが条件となる。

(1) 筆界を構成する各筆界点についての測量成果による世界測地系の座標値

(2) 筆界を構成する各筆界点についての測量成果による任意座標系の座標値及び当該座標値を得るために行った測量の基点の情報又は2点以上の各筆界点に対する複数の近傍に存する恒久的な地物との位置関係の情報

(3) 筆界を構成する各筆界点についての座標値の情報が記録されていない場合における、各筆界点に対する複数の近傍に存する恒久的な地物との位置関係の情報

2　筆界が明確であると認められるための要件について

　市街地地域、山林・原野地域又は村落・農耕地域の別に応じて以下の(1)から(3)までのとおりである。これにより筆界が明確であると認められる場合には、当該筆界については、筆界確認情報の提供等を求めることなく筆界認定を行うべきである。

　(1)　市街地地域について

　次のアからカに掲げるいずれかの点で構成される筆界は明確であると認めることができる。

ア　登記所に座標値の種別が測量成果である14条1項地図の備付けがある場合において、申請土地の筆界点の座標値に基づき測量により現地に表した点の位置に対して、公差の範囲内に境界標の指示点が現地に存するときの当該指示点

イ　登記所に座標値の種別が測量成果である14条1項地図の備付けがある場合において、上記アの指示点が現地に存しないときにあっては、申請土地の筆界点の座標値を基礎として、地図に記録されている各土地の位置関係及び現況を踏まえて画地調整して導き出した復元点

ウ　登記所に筆界の復元基礎情報といい得る図面情報が記録された地積測量図の備付けがある場合において、当該情報に基づく表示点の位置に対して、公差の範囲内に境界標の指示点が現地に存するときの当該指示点

エ　筆界特定登記官による筆界特定がされている場合において、当該筆界特定に係る筆界特定書及び筆界特定図面に記録された特定点を当該図面等の情報に基づき復元した復元点

オ　判決書図面に復元基礎情報といい得る図面情報が記録されている場合において、当該情報に基づく表示点の位置に対して、公差の範囲内に境界標の指示点が現地に存するときの当該指示点

カ　判決書図面に囲障、側溝等の工作物の描画があり、それら囲障等に沿って筆界点が存するなど図面上において筆界点の位置が図示されている場合において、当該図面の作成当時の工作物が現況と同一であると認められ、現地において図面に図示された筆界点の位置を確認することができるときにおける当該位置の点

(2)　山林・原野地域について

以下のアからカに掲げるいずれかの点で構成される筆界は明確であると認めることができる。ただし、土地の利用状況、開発計画の有無等に鑑み山林・原野地域とすることが相当でないと認められる事情があるときは、市街地地域の要件を当てはめるべきである。

ア　登記所に座標値の種別が測量成果である14条1項地図の備付けがある場合における、申請土地の筆界点の座標値に基づく表示点（ただし、カに該当するときは、この限りでない。）

イ　登記所に筆界の復元基礎情報といい得る図面情報が記録された地積測量図の備付けがある場合における、当該情報に基づく表示点（ただし、カに該当するときは、この限りでない。）

ウ　筆界特定登記官による筆界特定がされている場合において、当該筆界特定に係る筆界特定書及び筆界特定図面に記録された特定点を当該図面等の情報に基づき復元した復元点

エ　判決書図面に復元基礎情報といい得る図面情報が記録されている場合における、当該情報に基づき復元した復元点（ただし、カに該当するときは、この限りでない。）

オ　判決書図面に囲障、側溝等の工作物の描画があり、それら囲障等に沿って筆界点が存するなど図面上において筆界点の位置が図示されている場合において、当該図面の作成当時の工作物が現況と同一であると認められ、現地において図面に図示された筆界点の位置を確認することができるときにおける当該位置の点

カ　ア、イ及びエの場合において、筆界の復元基礎情報といい得る図面情報に基づく表示点の位置に対して、公差の範囲内に境界標の指示点が現地に存するときの当該指示点

(3)　村落・農耕地域について

　周辺の土地等の利用状況等の事情に応じて、市街地地域又は山林・原野地域のいずれかの要件を当てはめるべきである。

3　筆界が明確であるとは認められない場合について

(1)　隣接土地を共有登記名義人又は未登記相続人の一部の者が外部的に認識可能な状況で占有しているケース

　隣接土地について、共有登記名義人又は未登記相続人の一部の者が、外部的に認識可能な状況で占有しているケースにおいては、当該占有している者の筆界確認情報の提供等で足りるとし、他の共有登記名義人又は未登記相続人が作成主体となった筆界確認情報の提供等を求めないこととすべきである。

(2)　隣接土地に占有者が存せず合理的な方法で探索をしてもなお隣接土地の共有登記名義人又は未登記相続人の一部の者の所在等が知れないケース

　ア　所在等が不明な共有登記名義人・未登記相続人についての取扱い

　　隣接土地に占有者が存せず、かつ、合理的な方法での探索をしてもなお共有登記名義人又は未登記相続人の一部の者の所在等が知れないケースでは、当該探索の結果、所在等を把握することができた共有登記名義人又は未登記相続人に筆界の確認を求めた上で、そのうちの筆界確認情報の提供等が可能な者の筆界確認情報の提供等で足りるとすべきである。

　イ　合理的な方法での探索を行ったといえる方法について

　　住民票（除票を含む。）の写し、戸籍の附票の写し、戸籍（除籍を含む。）の謄本、法人の登記事項証明書等の公の機関が発行する情報を取得可能な範囲で収集し、当該情報を基礎として相当な方法で探索をするとともに、所在等を把握することができた共有登記名義人又は未登記相続人から所在不明者等の所在等を聴取する方法で探索を行えば、「合理的な方法での探索」を行ったものとすべきである。

4 隣接土地の所有権の登記名義人、共有登記名義人又は未登記相続人の全部の者の所在等が不明である場合における筆界確認情報の提供等について

⑴ 隣接土地の所有権の登記名義人、共有登記名義人又は未登記相続人の全部の者の所在等が合理的な探索をしてもなお不明である場合において、隣接土地の一筆全体について使用収益の権限を有することが当該土地の登記記録の内容、当該土地を敷地とする建物の登記の存在、その他の事情をもって明らかである者（以下「使用収益権者」という。）が筆界について合理的な根拠をもって説明することが可能であるケース等、筆界認定の有力な人証となり得るときにおいては、使用収益権者を筆界確認情報の作成主体とすることを許容すべきである。

⑵ 隣接土地の所有権の登記名義人、共有登記名義人又は未登記相続人の全部の者の所在等が合理的な探索をしてもなお不明である場合に、過去のある時点に土地の所有権の登記名義人であった者がその所有権の登記名義人である間に作成した筆界確認情報であっても、筆界確認情報の内容とする筆界を当該情報からその位置を現地に復元することが可能であり、現況が作成当時から変化していないなど、図面に記録された情報によって現地における筆界を調査・認定することが可能であるときは、これを利用することを許容すべきである。

検討会だより①

　筆界認定の在り方に関する検討会が発足し、令和2年1月29日に第1回会議が開催された。

　土地の表示に関する登記（表題登記、地積の更正に関する登記及び分筆の登記）の申請・嘱託の審査や登記所備付地図作成作業において筆界を調査・確認する際には、実際上、筆界に接する各土地の所有者の当該筆界に係る認識が合致していることを証するものとして、当該各土地の所有者の全員が立ち会い、当該筆界を確認したことを証する情報（一般に「筆界確認情報」と言われることが多い。）の提供を求められることが通例であり、登記官が筆界を認定する際の有力な証拠として取り扱われている。

　他方、筆界確認情報を得るための労力等が過大となるケースや、隣地所有者が不明であるケースでは筆界確認情報を得ることに実際困難を伴うこともあり、登記の申請等をすることができず、取引の阻害要因ともなっているとの指摘がされている。また、平成17年に不動産登記規則（平成17年法務省令第18号）が改正され、地積測量図には必ず筆界点の座標値を記録するものとされ、不動産登記法（平成16年法律第123号）第14条第1項の地図も含めて、現地復元性のある資料が登記所に保管されるようになってきており、一律に筆界確認情報を求める必要はないのではないかとの指摘もされているところである。

　そこで、登記実務の観点から、筆界確認情報を得ることが困難な場合における筆界認定の在り方等を整理することを目的として、筆界認定の在り方に関する検討会が発足したものである。

　第1回会議においては、これまでの現状等について出席者から報告がされた後、現状を踏まえ考え得る筆界認定の在り方の検討課題について自由討議が行われた。

　まず、現状報告については、登記所における筆界の確認の現状、その他行政機関の事業における筆界又は境界の確認の現状、土地家屋調査士業務における筆界又は境界の確認の現状について、それぞれ説明がされた。

次に、現状を踏まえて考えられる筆界認定の在り方の検討課題として以下のようなものが示された。

＜検討課題＞

(1)　以下のような場合には、筆界確認情報の作成・提供を不要とすることが考えられないか。

　　・　土地の区画が明確な場合

　　・　当該筆界に係る筆界確認情報が登記所に保管されている場合

　　・　当該筆界点の確認を得るべき者の所在が知れない場合

(2)　以下のような場合には、共有地についてその共有者のうち一部の者の筆界確認情報で足りるとすることが考えられないか。

　　・　合理的な方法で探索を行い、把握することができた者の筆界確認情報が提供された場合

　　・　当該土地を現に占有又は管理している者の筆界確認情報が提供された場合

検討会だより②

　筆界認定の在り方に関する検討会について、令和2年1月29日の第1回会議に引き続いて、同年6月19日に第2回会議が開催された。

　第2回会議では、第1回会議において示された検討課題のうち、「土地の区画が明確である場合には、筆界確認情報の作成及び登記所への提供を不要とすることが考えられないか」という点について、以下のとおり、検討・議論が行われた。

　第一に、「土地の区画が明確である」のはどのような場合かを明らかにするための前提として、以下の①及び②について検討された。

①図面に図示された筆界の復元が理論的に可能となるための情報（復元基礎情報）として、当該図面上にどのような情報が記録されている必要があるか

②筆界を認定するに当たって復元基礎情報以外で考慮すべき情報としてどのようなものがあるか

　ここで、①については、当該図面が一筆地を対象として作成されたものか、広範囲を対象として作成されたものかに区分して検討され、②については、当該区分に加えて、主に現地における筆界に関する物理的現況の有無及び当該現況が境界標かそれ以外かに着目して検討された。また、②についての検討は、市街地地域、村落・農耕地域又は山林原野地域においては、それぞれ筆界に関する現況を考慮する必要性及びその程度が異なるとの認識の下、まず市街地地域について議論し、その結果について、村落・農耕地域及び山林原野地域にどの程度当てはめることができるかを改めて議論するという手順で進められた。

　第二に、具体的に土地の区画が明確であるといえる場合とはどのような場合かについて、復元基礎情報が記録された図面を基礎資料とする場合と、その他の図面（復元基礎情報の記録はないが、工作物の描画と共に、筆界の位置が図示された判決書図面）を基礎資料とする場合とに分けて検討された。

　第三に、それまでの議論を踏まえて、土地の区画が明確な場合に筆界確認情報の作成及び登記所への提供を不要とすることの是非について検討された。

検討会だより③

　筆界認定の在り方に関する検討会について、令和2年1月29日の第1回会議及び同年6月19日の第2回会議に引き続いて、同年7月29日に第3回会議が開催された。

　第3回会議では、第1回会議において示された検討課題のうち、第2回検討会で検討されたもの以外の部分について、「筆界確認情報の作成主体が複数であり得る場合において、そのうちの一部の者の作成した筆界確認情報で足りるとすることが考えられないか」という問題設定の下、以下のとおり、検討・議論が行われた。

　第一に、「隣接土地に共有者又は未登記相続人の一部の者が占有しているケースではその者の筆界確認情報で足りるとすること」について検討された。

　第二に、「隣接土地に占有者が存せず合理的な探索をしてもなお共有者又は未登記相続人の一部の所在等が知れないケースでは所在等を把握することができた共有者又は未登記相続人の筆界確認情報で足りるとすること」について検討された。

　検討に当たっては、まず、「合理的な方法での探索」をしたといえるのはどのような場合かについて議論し、次いで、合理的な探索をしてもなお共有者又は未登記相続人の一部の所在等が知れないケースでは所在等を把握することができた共有者又は未登記相続人の筆界確認情報で足りるとすることで差し支えないかを議論するという手順で進められた。

　第三に、「隣接土地に占有者が存せず合理的な探索をしてもなお共有者又は未登記相続人の全部の所在等が知れないケースでは隣接土地の一筆について使用収益の権限を有することが登記記録上明らかな者の筆界確認情報で足りるとすること」について検討された。

　検討に当たっては、当該使用収益権者が、筆界について合理的な説明をすることができる者であるかどうかといった観点から議論が行われた。

　第四に、「隣接土地に占有者が存せず合理的な探索をしてもなお共有者又は未

登記相続人の全部の所在が知れないケースで隣接土地の過去の所有権の登記名義人との間で筆界確認情報を作成している場合には当該情報で足りるとすること」について検討された。

　検討に当たっては、過去に作成された筆界確認情報が登記申請の際に登記所に提供されたものであるかどうかや、関係する土地の状況に係る変化の有無といった点に着目しつつ議論が進められた。

検討会だより④

　筆界認定の在り方に関する検討会について、令和 2 年 1 月29日の第 1 回会議、同年 6 月19日の第 2 回会議及び同年 7 月29日の第 3 回会議に引き続いて、同年10月12日に第 4 回会議が開催された。

　第 4 回会議では、第 1 回会議から第 3 回会議において検討された内容を踏まえた検討会としての報告書の内容が議題とされ、その中で、同報告書に以下のような内容を盛り込む方向で検討・議論が行われた。

　第一に、筆界確認情報の作成及び登記所への提供が困難なケースが増加しているという近時の問題点を背景として、登記実務の観点から筆界認定の在り方を検討するという本検討会の設置趣旨についての内容である。

　第二に、筆界確認情報を得ることが困難な場合として代表的なケースを念頭に置いた、筆界認定の在り方に関する内容である。

　具体的には、登記所における筆界確認情報の取扱いの現状及び筆界の歴史的経緯を踏まえた筆界認定の基本的な考え方を整理した上で、筆界確認情報を得ることが困難な場合として、①土地の所有権の登記名義人の死亡後に相続登記が放置されているため相続人が不明なケース、②所有権の登記名義人又は未登記相続人の所在を把握することが困難なケース、③隣人関係の希薄化などから筆界確認情報の提供等について隣接土地の所有権の登記名義人の協力が得られないケース、④筆界確認情報への署名又は記名押印に際して過大な要求が行われるケースを挙げながら、登記所保管資料等により筆界が明確である場合にまで一律に筆界確認情報を求めることは合理的でないこと、また、筆界確認情報の作成主体が複数であり得る場合に、一律に全ての者から提供を受ける必要はないことといった基本的な考え方を示しつつ、これらを踏まえ、法務局等において登記実務の在り方につき積極的な検討をすることが望まれる旨を記述することとされた。

　さらに、この点に関連して、現地に設置された境界標が登記官が筆界認定を行う際の物証として重要な判断資料となることを踏まえ、永続性のある境界標を設置することの意義に関して付言することとされた。

第4回会議における議論の中では、本検討会のとりまとめとしての本報告書の内容に加え、検討結果を踏まえて、今後どのように実務を運用していくべきかといった観点等から様々な意見が出された。

第2章

検討会資料

筆界認定の在り方に関する検討会の概要

1 検討会の趣旨・目的

　土地の表示に関する登記（表題登記，地積の更正に関する登記及び分筆の登記）の申請・嘱託の審査や登記所備付地図作成作業において，筆界を調査・確認する際には，原則として，筆界に接する各土地の所有者の当該筆界に係る認識が合致していることを証するものとして，当該各土地の所有者の全員が立ち会い，当該筆界を確認したことを証する情報（一般に「筆界確認情報」と言われることが多い。）の提供を求め，登記官が筆界を認定する際の有力な証拠として取り扱っている。

　他方，筆界確認情報を得るための労力等が過大となるケースや，隣地所有者が不明であるケースでは，筆界確認情報を得ることに実際困難を伴うこともあり，取引の阻害要因となっているとの指摘がされている。また，平成１７年に不動産登記規則（平成１７年法務省令第１８号）が改正され，地積測量図には必ず筆界点の座標値を記録するものとされ，不動産登記法（平成１６年法律第１２３号）第１４条第１項の地図も含めて，現地復元性のある資料が登記所に保管されるようになってきており，一律に筆界確認情報を求める必要はないのではないかとの指摘もされているところである。

　そこで，登記実務の観点から，筆界確認情報を得ることが困難な場合における筆界認定の在り方等を整理することを目的として，検討会を設けるものとする。

2 検討項目（案）

(1) 筆界確認情報の在り方等

　原始筆界及び形成筆界それぞれにおける確認の位置付け，確認を得るべき主体及び筆界確認情報に含まれるべき内容など

1

⑵　筆界確認情報を得ることが困難な場合における筆界認定のルール

　　筆界確認情報を得ることが困難な場合の定義，筆界確認情報に代わる筆界認定の資料，確認を得ることが困難な場合における筆界認定のルールなど

3　検討期間

　令和2年1月29日に第1回検討会（論点の提示と自由討議を予定）を開催し，以後概ね2か月に1回程度の頻度で開催し，令和2年夏ごろを目処に取りまとめを行う。

＜開催予定＞

第1回　令和2年1月29日

第2回　令和2年4月15日

第3回　令和2年6月19日

第4回　令和2年7月29日

4　メンバー

　別添「筆界認定の在り方に関する検討会　関係者名簿」のとおり。

2

筆界認定の在り方に関する検討会　関係者名簿

所属	役職等	氏名（敬称略）
上智大学法学部	教授	伊 藤 栄 寿
宮崎県都城市	代表監査委員	新 井 克 美
日本弁護士連合会	弁護士	山 崎 司 平
日本土地家屋調査士会連合会	常任理事	内 野　篤
	常任理事	日 野 智 幸
	常任理事	北 村 秀 実
	理事	高 橋 一 秀
日本司法書士会連合会	副会長	里 村 美喜夫
財務省 理財局国有財産業務課	専門調査官	小 西　眞
農林水産省 経営局農地政策課	経営調査官	室 賀 豊 史
林野庁 森林整備部森林利用課	森林吸収源情報管理官	大 沼 清 仁
国土交通省 土地・建設産業局地籍整備課	国土調査企画官	福 田 恭 平
法務省 民事局民事第二課	所有者不明土地等対策推進室長	江 口 幹 太
	地図企画官	戸 井 琢 也
	補佐官	塚 野 智 久
	不動産登記第二係長	熊 谷　卓
	不動産登記第二係主任	斉 藤 歳 也
東京法務局	総括表示登記専門官	長谷川　実
大阪法務局	総括表示登記専門官	田 代 尚 昌

登記所における筆界の確認の現状について

1 不動産の表示に関する登記における登記官の調査権限

不動産登記法第２８条は，「表示に関する登記は，登記官が，職権ですることができる。」旨を規定し，職権主義を採用[*1]しており，これを踏まえ，登記官には実地調査権が付与されている（同法第２９条）。そこで，表示に関する登記の申請がされた場合には，申請情報及び添付情報の内容を踏まえ，申請の内容について確認すべき点については登記官は実地調査を実施して確認することとなる。

なお，不動産の表示に関する登記のうち，登記官が筆界について調査を行う登記の申請の類型は，土地の表題登記[*2]，地積に関する更正の登記[*3]及び分筆の登記[*4]（以下「筆界関係申請」という。）である。

2 筆界関係申請に添付すべき情報

申請人が筆界関係申請をする場合に，その申請情報と併せて登記所に提供しなければならないとされる情報（以下「添付情報」という。）は，不動産登記令第７条において定められている（別紙資料１）。

3 筆界関係申請における登記官の調査内容

登記官は，筆界関係申請に関するすべての事項を調査しなければならず（不動産登記規則第５７条），この調査の結果に基づき，その申請のとおりの登記をするか，又は不適法なものとして却下するかを決定しなければならない（不動産登記法第２５条）。

そのため，登記官は，筆界関係申請の調査においては，当該申請に係る筆界の全て（分筆の登記にあっては分筆線を含む。）について，添付情報である地積測量図に描画された筆界の位置及び形状に誤りがないことを確認することとなる。

しかし，不動産登記法１４条１項地図や現地復元性のある地積測量図等が備え付けられている土地を除き，筆界の現地における位置を特定することができる場合は極めてまれであり，特に明治初年の地租改正事業によって形成された筆界の位置を確認すること

---

*1 職権主義を採用しているが「当事者の申請」が原則であり，職権主義は二次的，補完的なものである。

*2 未登記の土地について初めて登記記録を設ける登記であり，土地所在図，地積測量図等をその申請情報と併せて登記所に提供しなければならない（不動産登記令第７条）。

*3 表題部に記載されている地積の表示が，実際の地積と異なっている場合に，それが登記の当初から誤っていた場合にする登記であり，地積測量図等をその申請情報と併せて登記所に提供しなければならない（不動産登記令第７条）。

*4 所有権の登記名義人（所有者）の意思によって，一筆の土地を分割してこれを二筆以上の土地とする登記であり，分筆後の土地の地積測量図等をその申請情報と併せて登記所に提供しなければならない（不動産登記令第７条）。

は，一般に著しく困難である。このような状況の下で登記官が筆界を確認する場合には，相互に隣接する土地の所有者の全員が立ち会い，当該筆界を確認したことを内容とする情報（以下「筆界確認情報」という。）の提供を求め，その確認の結果が登記所に備え付けられている地図に準ずる図面（不動産登記法第１４条第４項）及び地積測量図並びに登記所に保管している分筆申告図等の筆界に関する資料（以下「筆界に関する登記所保管資料」という。）と明らかに整合しないときを除き，有力な証拠として取り扱っている。

4 筆界確認情報の法令上の位置付けと提供を求める規程

　確認情報は，法令で提供を義務付けられている情報ではなく，実務の慣習において提供を求めている情報である。

　各法務局・地方法務局（以下「法務局等」という。）における不動産の表示に関する登記の実務上の詳細な取扱いは，法務局等の長の訓令，通達[*5]等で定められているところ，登記官が申請人等に対して法令に定めのない添付情報である筆界確認情報の提供を求める根拠となっているのは，これら訓令，通達等（以下「取扱要領」という。）の規定である。

　令和元年１０月３１日現在，法務局等の取扱要領における筆界確認情報の提供に関する規定の有無は表１のとおりであり，筆界確認情報と併せて筆界確認情報に押印した隣接土地所有者の印鑑証明書の提供に関する規定の有無は表２のとおりである。

【表１】筆界確認情報の提供に関する規定の有無

（令和元年１０月３１日現在）

規定の有無 / 登記の種別	提供を求める規程あり		提供を求める規程なし
	提供を求める（局）	可能な限り求める（局）	（局）
地積に関する更正	２４	１０	１６
分筆	２４	１０	１６
土地の表題	２２	９	１９

※　全国の法務局・地方法務局は５０局である。

---

*5　訓令は，権限の行使や事務の方針などの基本に関する，上級庁から下級庁又は上級の職員から下級の職員に対する命令をいい，主に，基本的職務執行の方針や手続を定める場合に用いられる。通達は，職務運営上の細目，法令の解釈，行政運用の方針などに関する，上級庁から下級庁又は上級の職員から下級の職員に対する指示・命令をいい，訓令的性質を持つ。

【表２】印鑑証明書の提供に関する規定の有無

（令和元年１０月３１日現在）

規定の有無／登記の種別	提供を求める規程あり		提供を求める規程なし
	提供を求める（局）	可能な限り求める（局）	（局）
地積に関する更正	9	11	30
分筆	9	10	31
土地の表題	9	8	33

※　全国の法務局・地方法務局は５０局である。

5　筆界確認情報の記載内容

　筆界確認情報は，相互に隣接する土地の所有者等の双方の立会いにより筆界を確認したことを書面で明らかにしているものであり，同書面は確認をした当事者が任意的に作成するものであることから，その記載内容は様々であるが，主要部分の記載事項として，「〇年〇月〇日現地において立会の上，筆界を確認した。」又は「〇年〇月〇日現地において立会の上，異議なく承諾（同意）した。」として，立会者が署名又は記名押印している。筆界確認情報の多くには，筆界を確認等した旨が記載された文書に現況平面図（確認された土地の境界や測量時点に存する建物や工作物等を記載した図面）が添付されている（別紙資料２）。

6　筆界確認情報の作成主体

　筆界確認情報の作成主体は，原則として，所有権の登記名義人であるが，所有権の登記名義人から委任を受けた代理人（土地管理人を含む。）も許容していることが多い。また，所有権の登記名義人の死亡により相続が発生している場合には，所有権の登記名義人の相続人が作成主体となる。

　なお，ある土地が複数の相続人によって共有されている場合には，原則として，共有者全員（相続人全員）の筆界確認情報が作成されていることを要するとしていることが多い。

不動産登記令（平成１６年１２月１日政令３７９号）

　第７条　登記の申請をする場合には，次に掲げる情報をその申請情報と併せて登記所に
　　提供しなければならない。
　　一　申請人が法人であるとき（法務省令で定める場合を除く。）は，次に掲げる情報
　　　イ　会社法人番号を有する法人にあっては，当該法人の会社法人番号
　　　ロ　イに規定する法人以外の法人にあっては，当該法人の代表者の資格を証する
　　　　情報
　　二　代理人によって登記を申請するとき（法務省令で定める場合を除く。）は，当該
　　　代理人の権限を証する情報
　　三　民法第４２３条その他の法令の規定により他人に代わって登記を申請するとき
　　　は，代位原因を証する情報
　　四　法第３０条の規定により表示に関する登記を申請するときは，相続その他の一般
　　　承継があったことを証する市町村長，登記官その他の公務員が職務上作成した情報
　　　（公務員が職務上作成した情報がない場合にあっては，これに代わるべき情報）
　　五　（省略）
　　六　前各号に掲げるもののほか，別表の登記欄に掲げる登記を申請するときは，同表
　　　の添付情報欄に掲げる情報
　２　前項第１号及び第２号の規定は，不動産に関する国の機関の所管に属する権利につ
　　いて命令又は規則により指定された官庁又は公署の職員が登記の嘱託をする場合に
　　は，適用しない。
　３　（省略）

別表（抜粋）

項	登記	申請情報	添付情報
四	土地の表題登記		イ　土地所在図 ロ　地積測量図 ハ　表題部所有者となる者が所有権を有することを証する情報 ニ　表題部所有者となる者の住所を証する市町村長，登記官その他の公務員が職務上作成した情報（公務員が職務上作成した情報がない場合にあっては，これに代わるべき情報）
六	地積に関する変更の登記又は更正の登記	（省略）	地積測量図
八	分筆の登記	（省略）	イ　分筆後の土地の地積測量図 ロ　地役権の登記がある承役地の分筆の登記を申請する場合において，地役権設定の範囲が分筆後の土地の一部であるときは，当該地役権設定の範囲を証する地役権者が作成した情報又は当該地役権者に対抗することができる裁判があったことを証する情報及び地役権図面

筆 界 確 認 書

　██████████ (以下甲という) と ██████████ (以下乙という)
とは、土地の筆界に関し、平成██年██月██日現地において立会し、次のとおり確認
した。

1　筆界を確認した土地の表示

　　　甲の土地　██████████████

　　　乙の土地　██████████████

2　甲及び乙の筆界の状況

　　　　　　別紙測量図朱線及び土地所在図のとおり。

以上のとおり甲及び乙は、それぞれの筆界を確認したことを証するため、この確認書を2
通作成し、各自その1通を保有する。

尚、将来その所有地を第三者に譲渡する時は本件確認事項を譲受人に継承させる事としま
す。

甲	住　所	
	氏　名	
乙	住　所	
	氏　名	

本筆界確認書のとおり立会の事実を確認し、測量したものであることを証明します。

平成██年██月██日

　　　事　務　所　　土地家屋調査士 ████████

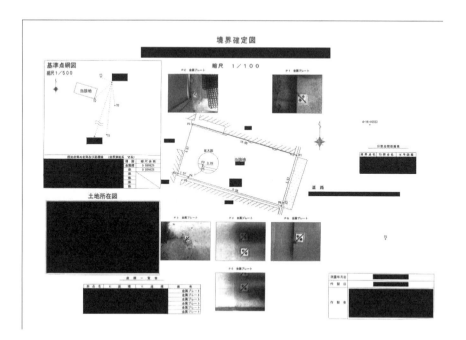

（様式例）

立　会　証　明　書

土地の表示

　上記の土地を測量するに当たり，下記のとおり隣接の土地所有者と立会いし，土地の筆界について異議なく確認したものである。

申　請　人　　住　所
（所有者）　　氏　名　　　　　　　　　　　　　印

記

隣接地番	住所・氏名・電話番号	印	立会年月日	所有者との関係
	（注1）			

　本立会証明書のとおり，立会い及び署名又は記名押印の事実を確認し，測量したものであることを証明します。

住　所（事務所）
測量者　　　　　　　　　　　　　　　実印
（土地家屋調査士）　　　　　　　（職印）　（注3）

注
1　管理人，代理人等が立会いした場合は，その者の住所・氏名・電話番号を併記して押印する。
2　この筆界確認書と筆界を明らかにした図面を合てつした場合は，証明者の契印をする。
3　測量者の印鑑証明書を添付する。ただし，測量者が土地家屋調査士の場合は，職印をもって実印に代えることができる。

1　土地の区画が明確である場合には，筆界確認情報の作成及び登記所への提供を
　不要とすることが考えられないか（検討課題(1)ア関係）

（なお，略語等は，本検討会資料で新たに定めるもののほかは，従前の例による。）

1　土地の区画が明確である場合には，筆界確認情報の作成（注）及び登記所への提供を不要とすることが考えられないか（検討課題(1)ア，イ関係）

　　（注）ここでの「作成」とは，登記所への提供を目的とした作成をいい，当事者が必要に応じて任意的に作成することを含まない。

(1)　土地の区画が明確であるといえる場合の要素について
　ア　図面に図示された筆界の復元が理論的に可能となる情報について
　　　不動産登記法第14条第1項の地図（以下「14条1項地図」という。），登記申請の添付情報として登記所に提供された地積測量図（以下「地積測量図」という。）及び筆界特定登記官による筆界特定に係る図面（以下「筆界特定図面」という。別紙資料1）は，登記所に保管されている図面の中で，当該図面に図示された筆界を現地において復元することができる能力（以下「現地復元性」という。）を備えているとされているところ，14条1項地図及び地積測量図においては，その作成の年代等によって図面に記録されている情報が異なるため，現地復元性に差が生じているものと考えられる。また，筆界に関する図面として，これらの図面の他に境界確定訴訟において確定した判決書の図面（以下「判決書図面」という。）があり，当該図面に現地復元性がある場合には，図面に図示された筆界を現地に復元することができるものと考えられる。
　　　土地の区画が明確であるといえる（現地における筆界の位置及び形状が明らかとなる）場合の前提ともいえる要件は，14条1項地図，地積測量図，筆界特定図面，判決書図面等を基に復元測量，現地調査等の手法を用いて，図面に図示された筆界を現地に復元することができることにあり，そのためには，それら図面に記録されている情報に基づき，当該図面に図示された筆界を現地に復元することが理論的に可能であることが必要になると考えられる（以下，図面に記録された情報を「図面情報」といい，そのうち筆界の復元が理論的に可能となる情報を「復元基礎情報」という。）。
　　　図面情報は，その内容が図面ごとに異なり，図面に図示された筆界の復元が理論的に可能であるかについて一律に評価することはできないところ，図面情報に係る土地の範囲に着目すると，地積測量図，筆界特定図面，判決書図面等のように一筆の土地についての図面情報（以下「一筆地の図面情報」という。）である場合と14条1項地図のように一定の地区全体の各土地についての図面情報（以下「広範囲の図面情報」という。）である場合とに大別される。広範囲の図面情報である場合には，一筆地の図面情報の場合と異なり，例えば，任意座標系の座標値で当該平面直角座標系の座標原点及び座標軸（測量の基点）が明確でないときでも，記録されている各土地の位置関係を全体として考慮することにより，図面に図示された筆界の復元が理論的に可能となることが考えられるなど，図面情報に係る土地の範囲によって図面に図示された筆界を現地に復元することが理論的に可能となる図面情報の内容等が異なることが考えられる。
　　　そこで，現地に筆界を復元することが理論的に可能となる図面情報の内容としてどのような情報が考えられるかについての検討を一筆地の図面情報の場合と広範囲

- 1 -

の図面情報の場合とに区分して行うこととする。

　なお，以後の検討においては，筆界を図面に図示するためにした測量（座標値を求めるための測量等）及び復元基礎情報に基づき筆界を復元するための測量について，求められる精度が確保されていることを前提とする。

(7) 一筆地の図面情報に基づき図面に図示された筆界を現地に復元することが理論的に可能となる場合について

　　次のAからCまでのいずれかの情報が図面に記録されている場合には，図面に図示された筆界の復元が理論的に可能であると考えられないか。また，これらの他に，図面に図示された筆界の復元が理論的に可能となる情報はないか。

　　【Ａ】　測量成果による土地を構成する全ての筆界点の座標値（世界測地系）
　　【Ｂ】　測量成果による土地を構成する全ての筆界点の座標値（任意座標系）及びその筆界点のうち１点以上と複数の近傍の恒久的な地物との位置関係
　　【Ｃ】　土地を構成する複数の筆界点と複数の近傍の恒久的な地物との位置関係
（補足説明）
　1　測地系
　　　測地系とは，地球上の位置を経度・緯度・高さで表すための基準をいい，準拠楕円体とその上に定義された座標系で表されている。平成１３年には，測量法（昭和２４年法律第１８８号）で規定されている「測量の基準（地理学的経緯度を表す基準）」を日本独自の「日本測地系」から，世界標準である「世界測地系」に変更する等の改正が行われ，平成１４年４月から世界測地系に移行された。
　2　平面直角座標系とその種類
　　　準拠楕円体面上の座標である２点の経緯度と点間の距離及び角度との関係を求めるためには，複雑な計算を必要とするため，計算が容易な平面上で位置を表示する方法である平面直角座標系が用いられている。平面直角座標系には，測量法及び国土調査法施行令（昭和２７年政令第５９号）に規定されている平面直角座標系（公共座標系と通称され，座標値としては世界測地系である。）と，局地的な測量等において，測量区域を平面とみなし，その区域に適宜に設けられる任意座標系がある[*1]。
　3　測量と誤差
　　　測量は，土地及び土地の定着物等の地球上の諸点相互の位置関係を定める技術であるところ，測量で未知の値（座標値等）を得るために観測を何回か行うと，ある程度似た近い値である「近似値」を得ることはできるものの，誤差は真値に対して常に付随しており，誤差を完全に取り除くことは不可能であるため，本当の値である「真値」を得ることはできない。

---

*1　測量法及び国土調査法施行令に規定されている平面直角座標系は，日本全国を１９地域に分割し，座標原点及び座標軸を定めているが，任意座標系の座標原点及び座標軸は適宜に設けられる。

そこで，測量では，真値に最も近い値である「最確値」を得るために，最小
二乗法の理論「観測した数量の最確値は，誤差の二乗の和を最小とする値とな
る」を適用している。
　したがって，座標値に基づき復元した点の位置は，一定の精度の範囲内で復
元できるにとどまるものである。このことは，現地復元性のある図面にもいえ
ることであり，現地復元性のある図面に基づき図面に図示された筆界を復元測
量によって現地に復元した場合においても，許容される誤差の範囲内に筆界を
復元することできるものの，完全に一致させることは困難である。
4　不動産登記法令上に規定する一筆地測量及び地積測定における誤差の限度
　地図及び地積測量図は，可能な限り誤差が少ないことが望ましいことはいう
までもないが，全ての土地について地図及び地積測量図の精度が理想的な高さ
となるように誤差の限度を定めた場合には，高コストとなり，対象地域によっ
ては，地図及び地積測量図の利用状況等から考えて現実的でないことがある。
　そこで，不動産登記規則（平成１７年法務省令第１８号。以下「不登規則」
という。）は，土地の利用状況等に応じ，対象地域を縮尺の区分（不登規則第
１０条第２項）の場合と同じ三つの地域に分類した上，それぞれの地域につい
て誤差の限度を，国土調査における一筆地調査及び地積測定の誤差の限度を定
めている国土調査法施行令別表第四に掲げる精度の区分を用いて定めている。
　不登規則では，地図を作成するための一筆地測量及び地積測定における誤差
の限度（不登規則第１０条第４項）及び地積測量図における一筆地測量及び地
積測定における誤差の限度（不登規則第７７条第５項）を次表のとおり規定し
ている（別紙資料２）。

地域の種別	誤差の限度
市街地地域　（主に宅地が占める地域及びその周辺の地域）	精度区分　甲二　まで※
村落・農耕地域（主に田，畑又は塩田が占める地域及びその周辺の地域）	精度区分　乙一　まで※
山林・原野地域（主に山林，牧場又は原野が占める地域及びその周辺の地域）	精度区分　乙三　まで※

※　国土調査法施行令別表第四に掲げる精度区分（別紙資料３）

　このほか，新準則では，地積測定における誤差の具体的な取扱いについて規
定しており，土地の地積に関する変更又は更正の登記を申請する場合で，申請
情報の内容とした地積と登記官の実地調査の結果による地積との差が申請情報
の内容とした地積を基準にして不登規則第７７条第５項の規定による地積測量
図の誤差の限度内であるときは，申請情報の内容とした地積を相当と認めて差
し支えない（新準則第７０条）とし，分筆の登記を申請する場合で，分筆前の
地積と分筆後の地積の差が，分筆前の地積を基準にして不登規則第７７条第５
項の規定による地積測量図の誤差の限度内であるときは，地積に関する更正の
登記の申請を要しない（新準則第７２条第１項）としている（別紙資料２）。
5　不動産登記法令上における登記官が筆界を認定するための考慮要素
　筆界関係申請の調査において，登記官が筆界を認定するときにどのような要

- 3 -

素を考慮すべきかについて法令上には何らの規定も設けられていないものの，筆界特定登記官が筆界特定に当たり考慮すべき要素として，不動産登記法第143条第1項に例示がされている。

　同項では，筆界特定登記官は，筆界調査委員の意見が提出されたときは，その意見を踏まえ，次の①から⑥までの要素を総合的に考慮して，対象土地の筆界を特定するものとされている。

　なお，筆界特定申請の手続では，意見聴取等の期日を設けて筆界特定の申請人及び関係人に当該申請に係る筆界についての意見を述べ，資料を提出する機会を与えること，外部の専門家である筆界調査委員の意見を踏まえて筆界を特定すること，筆界特定申請の標準的な処理期間は6か月であること（6か月を超える期間を標準処理期間としている法務局等もある。）など，筆界関係申請の調査の過程と異なる点もあるが，いずれの申請においても，過去に一筆の土地が登記された時に定められた筆界を探求するという本質的な部分を異にするものではないと考えられている。

　　①　登記記録
　　②　地図又は地図に準ずる図面
　　③　登記簿の附属書類（地積測量図）
　　④　対象土地及び関係土地の地形，地目，面積及び形状
　　⑤　工作物，囲障又は境界標の有無その他の状況及びこれらの設置の経緯
　　⑥　その他の事情（道路管理図，地域の慣習，地元精通者の証言等）

6　近傍の恒久的地物

　地積測量図の内容として，筆界点と筆界点に近傍の恒久的な地物[*2]との位置関係が記録されている場合がある。この記録は法令で義務付けられているものではなく，取扱要領等で定められている[*3]ものであり，全国の法務局等において共通した実務の取扱いではない。

　筆界点に座標値の記録がない場合の筆界点と筆界点に近傍の恒久的な地物との位置関係の記録は，おおむね下図（赤色部分）のように記録されていること

---

*2　恒久的な地物とは，材質が鉄，石又は鉄筋コンクリートのように堅固にして設置状態に永続性があり，かつ，基準とする点の位置を確認することができるものであり，鉄塔，鉄道用鉄塔，橋梁，トンネル又は地下道の出入口，マンホール，防波堤，水門，ビルディング，石段，記念碑，給水塔，石油タンク，ガスタンク，サイロ，灯台等の構築物が該当する。

*3　法務局等において，「任意座標値を用いた測量による場合は，筆界点の近傍の恒久的な地物（準拠点）2点以上からの距離及び角度により位置を特定し，求積するものとする。」，「基本三角点等に基づく測量及び恒久的地物に基づき測量された地積測量図には，原則として二点以上の恒久的地物から筆界点との距離，角度等の記録を求める。」等と定めている場合がある。

が多い（内角が記録されていることもある。）。この図の場合，マンホールと電柱が現存しているときは，マンホールを中心とし筆界点までの距離を半径とする円と，電柱目地を中心とし筆界点までの距離を半径とする円との交点の一方が筆界点（赤色矢印が示す点）となり[*4]，他の筆界点は，復元後の筆界点（赤色矢印が示す点）等を利用して復元することとなる。

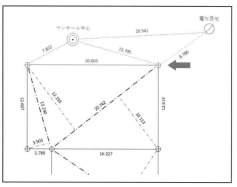

7　境界確定訴訟において確定した境界線の効力

　　境界確定訴訟において確定した境界線設定の判決は，一般に形成的効力を有し，その形成力は第三者に及ぶとされている（東京高等裁判所昭和５８年８月８日判決（訟務月報３１巻５号９７９ページ））。

（イ）広範囲の図面情報に基づき図面に図示された筆界を現地に復元することが理論的に可能となる場合について

　　次のＡからＣまでのいずれかの情報が図面に記録されている場合には，図面に図示された筆界の復元が理論的に可能であると考えられないか。また，これらの他に，図面に図示された筆界の復元が理論的に可能となる情報はないか。

【Ａ】　測量成果による土地を構成する全ての筆界点の座標値（世界測地系）

【Ｂ】　測量成果による土地を構成する全ての筆界点の座標値（任意座標系）及び座標原点，座標軸等の測量の基点（線）の情報

【Ｃ】　測量成果による土地を構成する全ての筆界点の座標値（任意座標系）

（補足説明）

1　測量の基点が明確でない場合の復元方法の一例

　　筆界点の座標値が任意座標系であり測量の基点が明確でない場合において，ある筆界の復元を行うときの方法は図面等の内容により異なるが，具体的な方法の一つとして次の手順で行うことが考えられる。

　　なお，この方法は，具体例としての手法を単純化したものであり，実際に筆界の復元をこの方法で行うとした場面には，様々な計算と検証が必要になるものと考えられる。

---

*4　2円の交点は2か所存在するが，そのうち1か所は，筆界点とするには通常あり得ない位置となるため筆界点の位置の特定が可能となる。

- 5 -

→ 現地における復元の目的たる筆界（図の赤色線
の部分）が存する街区（住居表示に関する法律（昭
和３７年法律第１１９号）第２条第１号に規定す
る街区[*5]をいう。）の道路との境である外周部分に
ついて，距離，形状等が図面と整合しているか，
また，街区全体の地積が整合しているかを確認す
る。

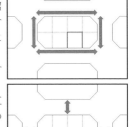

→ 現地における復元の目的たる筆界が存する街区
と当該街区に隣接する街区との位置関係が図面の
位置関係と整合しているかを確認する。

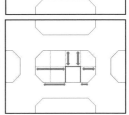

→ 外周部分から図面に記録された座標値により計
算した距離を当てはめるとともに，街区内の各土
地の地積を勘案して，復元の目的たる筆界の位置
を割り出す。

(2) １４条１項地図の座標値の種別

広範囲の復元基礎情報が記録されている図面としては，１４条１項地図が該
当するところ，その座標値の種別を分類すると下図のとおりとなる。

なお，公共座標（世界測地系）の測量成果の座標値には，日本測地系の座標
値をパラメータ変換により世界測地系の座標値に移行したものも含まれる（「図
上読取」に関しては第１回検討会の「参考資料１」の補足説明を参照）。

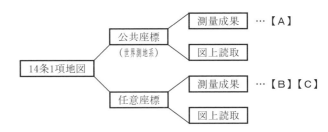

イ　復元基礎情報以外に考慮すべき情報について

　市街化されている地域では，囲障，側溝，境界標，石垣やコンクリート擁壁等の上層の土地を支持する工作物等の設置が多く見られ，山林や原野の地域では，谷筋や尾根筋が存するなど，地形の変化が目視できることも少なくない。このような，人工的な工作物が設置されている位置，地形が変化している位置又はそれらに近接する位置には，土地利用の経緯や歴史的な経緯等を背景として筆界が存していることがある。そのため，これらの位置は現地における筆界の位置を推測させる物理的状況（以下「筆界に関する現況」という。）ともいえるものであり，筆界を認定するに当たって考慮すべき場合があると考えられる。

　前記(1)で検討した復元基礎情報に基づき復元した復元点は，一定の精度の範囲内で復元できるにとどまるものであるところ，復元点に対して，公差の範囲内（座標値に基づき復元した場合は測量誤差の限度の範囲内）に筆界に関する現況がある場合で，その指し示す位置（以下「指示点」という。）が明確であるときには，当該現況を考慮することにより，正確かつ容易に筆界を認定することが可能となり，筆界確認情報の提供が不要となることが考えられる。一方で，筆界に関する現況が存しない場合や例えば，山林の地域で高低差があることは目視できるが，その高低差の境の位置が不明瞭であるなど筆界に関する現況の指示点が不明確である場合においても筆界確認情報の提供が不要となるケースがあるものと考えられる。これは，１(1)ア補足説明の４の地域種別の各地域における１４条１項地図，地積測量図及び筆界特定図面の測量等の精度は，それぞれの地域ごとに異なり，例えば，筆界点間の計算距離と直接測量による距離との差異の公差では，市街地地域（精度区分は甲二まで）を基準とした場合に，村落・農耕地域（精度区分は乙一まで）は約４倍，山林・原野地域（精度区分は乙三まで）は，約１３倍の誤差が許容され，比較的緩やかであることから，復元点が一定の精度の範囲内で復元できるにとどまるものであることを考慮したとしても復元基礎情報に基づく復元点を筆界点として認定することがあり得ると考えられるためである。このように，高い測量の精度等が求められる市街地地域，比較的緩やかな測量精度が認められている山林・原野地域，それらの中間的な村落・農耕地域では，それぞれに筆界に関する現況を考慮する必要性及びその程度が異なり，そのため，地域種別ごとに土地の区画が明確であるとする場合が異なることが考えられる。

　また，復元基礎情報が広範囲の図面情報である場合には，一筆地の図面情報と異なり，記録されている各土地の位置関係を全体として検証（検証して導きだした点を以下「検証点」という。）することにより，必ずしも筆界に関する現況を考慮することが必要とはならないことも考えられ，復元基礎情報が一筆地の図面情報である場合と広範囲の図面情報である場合とでは，筆界に関する現況を考慮する必要性及びその程度が異なり，そのため，図面情報の種別ごとに土地の区画が明確であるとする場合が異なることが考えられる。

　これらのほか，筆界に関する現況について考察すると，当該現況は各土地によって異なっており，その種類又は態様によって，設置物の設置者，設置目的及び設置経緯，これまでの地形の変化の有無，土地所有者の筆界の認識等を総合的に勘案す

- 7 -

る必要が生じることが想定され，一律にこれを評価することは困難であると考えられる。しかし，筆界に関する現況の指示点に着目すると，境界標の指示点は明確に1点である一方で，境界標以外の筆界に関する現況の指示点は複数の点の位置又は範囲であることに加えて，境界標の設置目的は，一般に，土地の境界の位置を現地において明らかにすることであると考えられる一方で，境界標以外の筆界に関する現況の設置目的又は物理的状況の発生経緯は，土地の境界の位置を現地において明らかにすることを主たる目的等とはしていないと考えられ，筆界に関する現況を考慮して筆界を認定しようとする場合であっても，境界標と境界標以外とでは考慮要素としての評価に差異があると考えられる。

　以上のとおり，本項目での検討は多岐にわたるため，まずは不動産取引が活発であり，筆界確認情報の作成が多く行われている都市部の地域種別である市街地地域について，①復元基礎情報を一筆地の図面情報と広範囲の図面情報に区分，②筆界に関する現況が存するときと存しないときに区分，③筆界に関する現況の種別が境界標であるときと境界標以外であるときに区分して検討することとし，次いで当該検討結果の村落・農耕地域及び山林・原野地域への当てはめについて検討することとする。

(7) 市街地地域において復元基礎情報と併せて考慮すべき筆界に関する現況について

　復元基礎情報の範囲並びに筆界に関する現況の有無及びその種別ごとに区分すると次表のとおり6区分となるところ，各区分において，土地の区画が明確であるといえる場合については次のA案又はB案の考え方があるが，どのように考えるか。

地域種別	復元基礎情報の範囲	筆界に関する現況の有無及び種別	
市街地地域	一筆地の図面情報	筆界に関する現況なし	
		筆界に関する現況あり	境界標
			境界標以外
	広範囲の図面情報	筆界に関する現況なし	
		筆界に関する現況あり	境界標
			境界標以外

● 　一筆地の図面情報
　　［筆界に関する現況が存しない場合］
　　　【A：土地の区画は明確であるとする案】
　　　　復元点は許容される公差（測量誤差）の範囲内に復元されていることから，復元点を筆界として認定することができる。
　　　【B：土地の区画は明確であるとまではいえないとする案】
　　　　復元点は許容される公差（測量誤差）の範囲内に復元できるにとどまるものであることから，復元点を筆界として認定することは困難である。

［境界標が設置されている場合］
　　　【Ａ：土地の区画は明確であるとする案】
　　　　境界標の指示点が筆界点であると強く推認することができるため，他
　　　の筆界に関する現況や筆界確認情報を考慮するまでもなく，境界標の指
　　　示点を筆界として認定することができる。
　　　【Ｂ：土地の区画は明確であるとまではいえないとする案】
　　　　許容される公差（測量誤差）の範囲内であるとはいえ，復元点の位置
　　　と厳密に一致していない状況においては，筆界確認情報及び境界標以外
　　　の筆界に関する現況等を考慮して筆界の位置を判断する必要があり，境
　　　界標の指示点を筆界として認定することは困難である。
　　［境界標以外の筆界に関する現況が存している場合］
　　　【Ａ：土地の区画は明確であるとする案】
　　　　許容される公差（測量誤差）の範囲内に復元されていることから，復
　　　元点に最も近接する当該物理的状況が指し示す一般に筆界と考えられる，
　　　例えば，コンクリートブロック塀の側面等の位置を筆界として認定する
　　　ことができる。
　　　【Ｂ：土地の区画は明確であるとまではいえないとする案】
　　　　指示点が明確ではないため，当該工作物等の設置者，設置目的，設置
　　　経緯等に加えて筆界確認情報を考慮して筆界点の位置を判断する必要が
　　　あり，当該現況のみを要素として筆界を認定することは困難である。ま
　　　た，仮に複数の境界標以外の筆界に関する現況の指示点と考えられる位
　　　置が整合している場合であっても同様である。
● 　広範囲の図面情報
　　［筆界に関する現況が存しない場合］
　　　【Ａ：土地の区画は明確であるとする案】
　　　　検証点と復元点との位置関係，検証範囲の各土地の地積等を総合的に
　　　勘案して筆界を認定することができるる。
　　　【Ｂ：土地の区画は明確であるとまではいえないとする案】
　　　　検証点は，その検証の方法によって位置が異なり明確に一つの点とし
　　　て導きだすことは不可能であり，筆界を認定することは困難である。
　　［境界標が設置されている場合］
　　　【Ａ：土地の区画は明確であるとする案】
　　　　境界標の指示点が筆界点であると強く推認することができるため，他
　　　の筆界に関する現況や筆界確認情報を考慮するまでもなく，境界標の指
　　　示点を筆界として認定することができる。
　　　【Ｂ：土地の区画は明確であるとまではいえないとする案】
　　　　許容される公差（測量誤差）の範囲内であるとはいえ，復元点の位置
　　　と厳密に一致していない状況においては，境界標の指示点を筆界として
　　　認定することは困難である。

［境界標以外の筆界に関する現況が存している場合］
　　【Ａ：土地の区画は明確であるとする案】
　　　　検証点の位置，復元点の位置及び境界標以外の筆界に関する現況の指
　　　示点と考えられる位置の相互の関係，検証範囲の各土地の地積等を総合
　　　的に勘案して筆界を認定することができる。
　　【Ｂ：土地の区画は明確であるとまではいえないとする案】
　　　　検証点は，その検証の方法によって位置が異なり明確に一つの点とし
　　　て導きだすことは不可能であることに加えて，筆界に関する現況の指示
　　　点が不明確であることから，筆界を認定することは困難である。
（補足説明）
　1　市街地地域における筆界に関する現況
　　　市街地地域では，土地は細分化され建物敷地に利用されるなど，一定の用途
　　に供されている場合が多数であり，そのため，囲障，側溝等が設置されている
　　ことが多く，土地取引が活発な地区では一般に境界標として利用される物の設
　　置が多く見られる。その一方で，例えば，数筆の土地を一体的に建物の敷地と
　　して利用している場合等においては，筆界に関する現況が存しない場合がある。
　2　境界標の指示点と筆界との関係性
　　　境界標は，隣接関係にある土地の所有者双方が立会いにより土地の境界を確
　　認した上で，その位置を現地に明示して将来的な紛争を回避するために設置す
　　るものであるが，隣接関係にある土地の所有者の一方が隣接土地の所有者の確
　　認を得ないまま設置することや境界標を移設することがある。このため，現地
　　に境界標が設置されている場合で，当該位置に関する復元基礎情報が存しない
　　ときや復元基礎情報に基づき復元した復元点に対して，公差の範囲外（座標値
　　に基づき復元した場合は測量誤差の限度の範囲外）に境界標の指示点があると
　　きは，境界標の指示点を直ちに筆界として認定することは困難であると考えら
　　れる。
　3　囲障，側溝等の指示点と筆界との関係性
　　　土地の地形を除く境界標以外の物理的状況の中で，市街地地域や村落・農耕
　　地域の集落に設置されている囲障は，隣接する土地との境を明確にし，自身が
　　所有する土地を排他的に利用することを目的として設置される工作物であるこ
　　とから，囲障の位置と筆界の位置との間には関連性があることが多い。また，
　　道路に接する部分に設置されている側溝は，道路上の雨水等を排水して道路と
　　しての機能を維持することを目的として設置される工作物であることから，道
　　路と道路に隣接する土地において側溝の位置と筆界の位置との間には関連性が
　　あることが多い。
　　　しかし，これらの工作物は，設置する位置を特に定められているものではな
　　く各土地ごとに様々であり，また，その形状も一定の幅があり製品ごとに異な
　　るため，当該工作物の指示点は多数存在することになるほか，筆界と無関係に
　　設置されている場合もある。
　　　例えば，コンクリートブロック塀が設置されている場合に考えられる指示点

- 10 -

は，下図左のとおり，基礎部分の両側面（A，E），コンクリートブロック塀の両側面（B，D）及びコンクリートブロック塀の中心（C）の少なくとも5点以上が考えられる。また，側溝が設置されている場合に考えられる指示点は，下図右のとおり，側溝肩側面（A，E），流水面立上り（B，D）及び側溝中心（C）の少なくとも5点以上が考えられる。このように境界標以外の工作物においては，当該工作物が指し示す位置は明確であるとまではいえず，設置者，設置目的及び設置経緯を勘案する必要や，場合によっては設置工事の施工誤差をも勘案する必要が生じるものと考えられる。

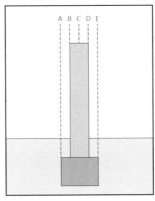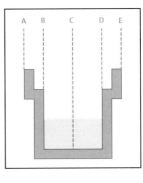

4　土地の地形と筆界との関係性

　土地の地形が明確に変化している位置と筆界の位置との間には関連性があることが多いものの，高低差のある土地の間で崖下（裾）の位置が筆界の場合で，人工的な工作物が設置されていないときは，自然の崖崩れ等によって，その位置が移動していることがある。また，河川は，護岸のための工作物が設置されていない当時においては，はん濫することも多く，そのため，その位置が移動することや，河川周辺の土地を買収して河川改修を行ったものの，その登記（台帳登録）手続が未了である場合があり，河川改修前の位置と河川改修後の位置との間でずれが生じていることもある。

- 11 -

検討会資料2 ｜ 71

（ｲ）村落・農耕地域において復元基礎情報と併せて考慮すべき筆界に関する現況について

　（ｱ）の検討結果の村落・農耕地域への当てはめについて，次のＡ案又はＢ案の考え方があるが，どのように考えるか。

【Ａ：市街地地域に当てはめるとする案】

　　村落・農耕地域には，市街地地域に次いで人工的な筆界に関する現況が多く存し，公差は山林・原野地域よりも市街地地域に近いこと，すでに土地が整備され宅地化することは物理的に容易であること等を考慮すると，市街地地域に当てはめることが合理的である。

【Ｂ：地域が位置する状況に応じて当てはめるとする案】

　　村落・農耕地域には，市街地地域に隣接している場合や市街地地域から離れた山間部に存している場合等があり，一律に当てはめることは困難であるため，村落・農耕地域ごとに，当該地域に接する割合が多い地域に当てはめることが合理的である。

（補足説明）

1　農地における筆界に関する現況

　　農地における筆界に関する現況の多くは，道路，用水路，畦（あぜ）等であるが，休耕地とならない限り，その位置が不明確化することはまれである。また、土地改良法（昭和２４年法律第１９５号）に基づく土地改良事業（第１回検討会の農林水産省提供資料１の７ページから９ページまでを参照。）が実施された地域では，農地と他の農地との境にコンクリート製の工作物が設置されている場合や境界標が設置されている場合がある。

2　農地の土地取引等の制限

（1）農地又は採草放牧地の権利移動の制限

　　農地法（昭和２７年法律第２２９号）第３条は，農地又は採草放牧地について所有権を移転し，又は地上権，永小作権，質権，使用貸借による権利，賃借権若しくはその他の使用及び収益を目的とする権利を設定し，若しくは移転する場合には政令（農地法施行令（昭和２７年政令第４４５号））で定めるところにより，同条第１項各号に掲げられているいずれかに該当する場合及び同法第５条第１項本文に規定する場合を除いて，当事者が農業委員会の許可を受けなければならないと規定している。

（2）農地の転用の制限

　　農地法第４条は，農地を農地以外のものにする者は，同条第１項各号に掲げられているいずれかに該当する場合[*6]を除いて，都道府県知事（農地又は

---

*6　市街化区域（都市計画法（昭和四十三年法律第百号）第七条第一項の市街化区域と定められた区域（同法第二十三条第一項の規定による協議を要する場合にあつては，当該協議が調つたものに限る。）をいう。）内にある農地を，農地法施行令で定めるところによりあらかじめ農業委員会に届け出て，農地以外のものにする場合は，都道府県知事等の許可を必要としない（農地法第４条第１項第８号）。

採草放牧地の農業上の効率的かつ総合的な利用の確保に関する施策の実施状況を考慮して農林水産大臣が指定する市町村の区域内にあっては，指定市町村の長。以下「都道府県知事等」という。）の許可を受けなければならないと規定している。
(3) 農地又は採草放牧地の転用のための権利移動の制限
　　農地法第5条は，農地を農地以外のものにするため又は採草放牧地を採草放牧地以外のもの（農地を除く。）にするため，これらの土地について第3条第1項本文に掲げる権利を設定し，又は移転する場合には，同条第1項各号に掲げられているいずれかに該当する場合[*7]を除いて，当事者が都道府県知事等の許可を受けなければならないと規定している。

(イ) 山林・原野地域において復元基礎情報と併せて考慮すべき筆界に関する現況について
　　(ア)の検討結果の山林・原野地域への当てはめについて，次のＡ案又はＢ案の考え方があるが，どのように考えるか。
【Ａ：一定の場合を除いて復元基礎情報のみで土地の区画は明確であるとする案】
　　山林・原野地域に存する土地の多くは，土地取引が活発に行われている状況ではないこと，認められる公差が大きく厳密な筆界の位置を確認する必要性が低いこと等から，境界標が設置されている場合を除く全ての場合において、復元点を筆界として認定することができる。
【Ｂ：土地の利用状況に応じて当てはめるとする案】
　　山林・原野地域には，市街地地域に隣接している場合や市街地地域から離れて存している場合等があり，一律に当てはめることは困難である。そのため，筆界を確認しようとする土地が何らかの収益等を目的として利用されている場合は村落・農耕地域に，利用されていない場合は【Ａ案】に当てはめることが合理的である。
（補足説明）
　　山林・原野地域は，現代においては未利用の土地であることが多くなっているが，古くは山林・原野地域の木材が燃料や建築資材として多く利用されていたことなどから，特に集落に近接する場合は一定の利用目的のある土地であったと考えられる。そのため，隣接する土地との境を明らかにするために境界標が設置されていることがある。
　　山林・原野地域では，現在において境界標として利用されている材質の物が利用されているほか，古来の地域の慣習によって境界標の役割をする物が設置等されている場合がある。例えば，通常であればその地域に自生しない種類の木を植

*7　農地法第4条第1項第8号に規定する市街化区域内にある農地又は採草放牧地につき，政令で定めるところによりあらかじめ農業委員会に届け出て，農地及び採草放牧地以外のものにするためこれらの権利を取得する場合は，都道府県知事等の許可を必要としない（農地法第5条第1第7号）。

樹して「境界木」としている場合や通常であれば山に存在することない角の無い石を設置して「境界石」としている場合等がある。

(2) 土地の区画が明確であるといえる場合について

復元基礎情報の内容とすべき情報と当該情報に併せて考慮すべき復元基礎情報以外の情報について検討を行ったが，これらを整理するため以下において土地の区画が明確であるといえる場合とはどのような場合であるのかを検討する。

なお，登記の実務で提供されることのある判決書図面は，当該図面に記録すべき情報が定まっていないため，これまで検討した復元基礎情報の記録がない図面も存在するところ，判決書図面に基づいてすでに確定した筆界を登記に反映することができない場合には，当該訴訟の相手方である隣接土地の所有権の登記名義人が筆界確認情報の作成主体となるほかなく，事実上，当該訴訟の相手方である隣接土地の所有権の登記名義人から第三者に所有権が移転しない限り，登記は不能となるおそれがある。そこで，復元基礎情報が記録された図面を基礎資料とする場合のほかに，その他の図面を基礎資料とする場合についても併せて検討する。

ア　復元基礎情報が記録された図面を基礎資料とする場合について

前記(1)の検討を踏まえ，次のＡからＤまでの場合は，土地の区画が明確であると考えられないか。その他に土地の区画が明確であると考えられる場合はないか。

【Ａ】　登記所に座標値種別が「測量成果」である１４条１項地図の備付けがある場合

【Ｂ】　復元基礎情報及び境界標の種別が記録された地積測量図の備付けがある場合において，現地（復元点の公差の範囲内）に境界標が存在するとき

【Ｃ】　筆界特定登記官による筆界特定がされている場合

【Ｄ】　判決書図面に復元基礎情報及び境界標の種別が記録され，現地（復元点の公差の範囲内）に境界標が存在するとき

（補足説明）

復元基礎情報が記録されている地積測量図は，基本的には平成１７年３月７日(不動産登記規則の施行日)以後に提供された地積測量図の全部（登記所に備付けられている地積測量図の約２０パーセント）及び平成５年１０月１日（不動産登記法施行細則の改正施行日）から平成１７年３月６日までの間に提供された地積測量図の一部であるが，平成５年９月３０日以前に提供された地積測量図であっても，少数ではあるが復元基礎情報が記録されている場合がある。

イ　その他の図面を基礎資料とする場合について

前記アの場合のほか，判決書図面の内容として復元基礎情報及び境界標の記録がないものの，境界線設定の位置を明らかにするため，囲障，側溝等の工作物の描画と共に，当該筆界の位置が図示されているときがある。このような場合であっても，次の案のとおり一定の要件が備わっていれば土地の区画が明確であると考えられないか。また，これらの他に，土地の区画が明確であると考えられる場合はないか。

- 14 -

【案】　判決書図面に囲障，側溝等の工作物の描画があり，それら囲障等に沿って筆界が存するなど図面上において筆界の位置が図示されている場合において，同図面の作成当時と現況の工作物が同一であると認められ，当該図面の情報により筆界を認定することができるときは，土地の区画が明確であるといえる。

(3) 土地の区画が明確である場合に筆界確認情報の作成及び登記所への提供を不要とすることについて

前記(1)及び(2)の検討を踏まえ，土地の区画が明確である場合には，筆界確認情報の作成及び登記所への提供を不要とすることについて，次のＡ案又はＢ案の考え方があるが，どのように考えるか。

【Ａ：筆界確認情報の作成及び登記所への提供を不要とする案】

筆界の性質からすれば，土地の区画が明確である場合に土地の所有権の登記名義人の確認を得る必要性を見いだすことはできないため，筆界確認情報の作成及び登記所への提供を不要とするのが合理的である。

【Ｂ：筆界確認情報の作成及び登記所への提供を必要とする案】

筆界の性質からすれば，土地の区画が明確である場合に土地の所有権の登記名義人の確認を得る必要性を見いだすことはできないとしても，筆界確認情報は筆界関係申請に係る土地に隣接する土地の所有権の登記名義人がその登記をすることについて承諾又は同意したことを明らかにすることを兼ねているため，筆界確認情報の作成及び登記所への提供を必要とするのが合理的である。

（補足説明）

1　筆界の性質

筆界の性質について，最高裁判所第二小法廷昭和３１年１２月２８日判決及び最高裁判所第三小法廷昭和４２年１２月２６日判決において，個人の自由処分の対象とはなり得ない公法上のものであり，当事者（相隣者）間で境界を定めた事実があっても，これによって，その一筆の土地の固有の境界自体は変動するものではないとしている（別紙資料４）。

2　筆界についての法令の規定

平成１７年法律２９号による改正前の不動産登記法自体には「筆界」についての規定はなく，法律より下位の法令等以外には「筆界」に関する明確な規定は存在していなかった[8]。しかし，改正後の不動産登記法１２３条１号は，「筆界」を定義して「表題登記がある一筆の土地(以下，単に「一筆の土地」という。)とこれに隣接する他の土地(表題登記がない土地を含む。以下同じ。)との間において，当該一筆の土地が登記された時にその境を構成するものとされた２以上の点及びこれらを

---

[8]　不動産登記法施行細則４２条ノ４第２項に，「筆界に境界標があるときは，地積測量図にその旨記載しなければならない」とされているなど（現在の不登規則７７条１項），平成１７年法律２９号による改正前の不動産登記法を受けた省令等には，筆界という用語が存在していた。

結ぶ直線をいう。」としており，筆界とは一筆地が「登記された時」にその境とされた２以上の点及びこれらを結ぶ直線を指すとしており，登記時点でいったん形成された筆界は，それ以降，不動の存在であることを示しているものと考えられる。

　　この規定は，直接的には筆界特定制度における用語を定義したものにすぎないが，「土地の所有権の境界（所有権界）」は「筆界」とは別個の存在であることを法１３２条１項５号において明らかにし[*9]，所有権界と別個独立の存在としての「筆界」を認めている従来の判例・通説を立法的に採用したものであると考えられる。

３　土地の所有権の登記名義人が認識する土地の境界と筆界確認情報の内容

　　一般に，多くの土地の所有権の登記名義人においては，土地の境界には，所有権界や筆界があるということを認識していないのが通例であると考えられる。そのため，土地の所有権の登記名義人の認識の多くは，過去の経緯を踏まえながら現実に排他的に利用している範囲に依存していると考えられ，必ずしも筆界を意識しているとは限らないが，そのような場合であっても結果的に所有権界の位置と筆界の位置が一致していることが少なくなく，故意に土地の境界の位置を変更しようとする場合を除いて，所有権の登記名義人の認識が筆界を示していることも少なくないと考えられる。

　　筆界確認情報は，相互に隣接する土地の所有権の登記名義人らが土地の境界を確認した事実及び確認した土地の境界の位置を明らかにした情報であると考えられるところ，相互に上記の認識が一致したことが前提となると考えられる。

　　そして，このような筆界確認情報の提供があったことを有効な補助資料として筆界の認定を行うことが，円滑かつ適正な登記処理につながるということができる。

４　筆界確認情報の提供を求める歴史的経緯等

　　筆界確認情報の提供を求める取扱いがいつ頃からどのように始まったかは明らかではないが，土地台帳事務が税務署で行われていた[*10]昭和１０年８月１日に発出された「地租事務規程（東京税務監督局長訓令第６号）」によると，同規程第１６５条において「地籍ニ関シ誤謬訂正ノ申請アリタルトキハ左ノ各号ニ依リ取扱フヘ

[*9]　不動産登記法１３２条１項５号は，「（筆界特定）申請が対象土地の所有権の境界の特定その他筆界特定以外の事項を目的とするものと認められるとき。」は当該筆界特定の申請を却下しなければならないと規定している。

[*10]　土地台帳及び家屋台帳は，税務署に備えられ，地租・家屋税の課税台帳とされていたが，昭和２２年の税制改正（シャウプ勧告）により地租・家屋税が廃止され固定資産税が創設されたことに伴い，税務署における課税台帳としての役割りが終った。そこで，昭和２５年に，この台帳は，不動産登記制度に密接不可分の関係に立つということから登記所に移管され（昭和２５年７月３１日法律第２２７号，土地台帳法等の一部改正），土地台帳等に関する事務が，昭和２５年７月３１日から登記所において取り扱われることとなった。その後，不動産の権利関係を明確にする登記制度と不動産自体の現況を明らかにする台帳制度は別個の制度となっていたが，昭和３５年に不動産登記法の一部改正に伴い，不動産登記法に不動産の表示に関する登記が創設されたことによって両制度の統合一体化が図られ，現在に至っている。

シ」とし、同条第１号で「他人ノ所有地（国有地，御料地等ヲ含ム）ニ接続スルモ
ノハ申請書ニ接続地所有者ノ連署ヲ受ケシムルカ又ハ承諾書ヲ添付セシメ・・・」
としていることから、少なくとも昭和１０年には、筆界確認情報の提供を求めてい
たと考えられる。その後、登記所で土地台帳事務が行われていた昭和２９年６月３
０日に発出された「土地台帳事務取扱要領（昭和２９年６月３０日民事甲第１３２
１号民事局長通達）」によると、同要領第７１条において、「地積訂正の申告書に
は、地積の測量図を添附させる外、当該土地が他人の所有地(国有地を含む)に接続
するときは、接続地所有者の連署を受けさせるか又はその者の承諾書を添附させ・
・・」とし、「地租事務規程」を引き継ぐ形で筆界確認情報の提供を求めていた。
　これらの規定からは、当時の筆界確認情報は土地の境界を確認した事実の証明と
いうよりは、むしろ申告に係る土地に隣接する土地の所有者がその申告について承
諾（同意）したことを証明するという性格をより強く帯びていたものとも考えられ
る。このような経緯に鑑みると、筆界の認定の補助資料と言い切ることはできず、
登記をすることへの承諾という性質への配慮が必要であるとの考え方もあり得るこ
ととなる。

筆界特定登記官により筆界が特定がされた場合に同登記官が作成する図面の内容

　筆界特定制度は，平成１７年４月に「不動産登記法等の一部を改正する法律（平成１７年法律第２９号）」が成立，公布され，平成１８年１月２０日に施行されたことにより創設されたものである。

　筆界特定書においては，「図面及び図面上の点の現地における位置を示す方法として法務省令で定めるもの」により，筆界特定の内容を表示しなければならないものとされており（不動産登記法第１４３条第２項），この筆界特定図面は，施行通達別記第１８号様式により作成し，不動産登記規則第２３１条第４項各号に掲げる事項を記録するものとされている。

　現地における位置を示す方法とは，「基本三角点等に基づく測量の成果による筆界点の座標値」又は「近傍に基本三角点等が存しない場合その他の基本三角点等に基づく測量ができない特別の事情がある場合にあっては，近傍の恒久的な地物に基づく測量の成果による筆界点の座標値」とされていることから（不動産登記規則第２３１条第５項），公共座標や任意座標に基づく筆界点の座標値を記録することとなる。

　このほか，筆界特定図面には，必要に応じ，対象土地の区画又は形状，工作物及び囲障の位置その他の現地における筆界の位置を特定するために参考となる事項を記録することとされている。

　（筆界特定図面の記録例）

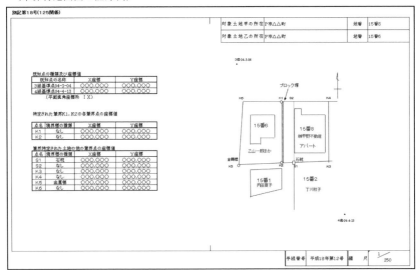

不動産登記規則（平成１７年２月１８日法務省令第１８号）

　　第１０条　地図は，地番区域又はその適宜の一部ごとに，正確な測量及び調査の成果に基づき作成するものとする。ただし，地番区域の全部又は一部とこれに接続する区域を一体として地図を作成することを相当とする特段の事由がある場合には，当該接続する区域を含めて地図を作成することができる。

　　２　地図の縮尺は，次の各号に掲げる地域にあっては，当該各号に定める縮尺によるものとする。ただし，土地の状況その他の事情により，当該縮尺によることが適当でない場合は，この限りでない。

　　　一　市街地地域（主に宅地が占める地域及びその周辺の地域をいう。以下同じ。）
　　　　　２５０分の１又は５００分の１

　　　二　村落・農耕地域（主に田，畑又は塩田が占める地域及びその周辺の地域をいう。以下同じ。）
　　　　　５００分の１又は１０００分の１

　　　三　山林・原野地域（主に山林，牧場又は原野が占める地域及びその周辺の地域をいう。以下同じ。）
　　　　　１０００分の１又は２５００分の１

　　３　（省略）

　　４　地図を作成するための一筆地測量及び地積測定における誤差の限度は，次によるものとする。

　　　一　市街地地域については，国土調査法施行令（昭和２７年政令第５９号）別表第四に掲げる精度区分（以下「精度区分」という。）甲二まで

　　　二　村落・農耕地域については，精度区分乙一まで

　　　三　山林・原野地域については，精度区分乙三まで

　　５～６　（省略）

　　第７７条　地積測量図には，次に掲げる事項を記録しなければならない。

　　　一～十　（省略）

　　２～４　（省略）

　　５　第１０条第４項の規定は，地積測量図について準用する。

不動産登記事務取扱手続準則（平成１７年２月２５日付け法務省民二第４５６号通達）

　　第７０条　土地の表示に関する登記の申請情報の内容とした地積と登記官の実地調査の結果による地積との差が，申請情報の内容とした地積を基準にして規則第７７条第５項の規定による地積測量図の誤差の限度内であるときは，申請情報の内容とした地積を相当と認めて差し支えない。

　　第７２条　分筆の登記を申請する場合において，分筆前の地積と分筆後の地積の差が，分筆前の地積を基準にして規則第７７条第５項の規定による地積測量図の誤差の限度内であるときは，地積に関する更正の登記の申請を要しない。

　　２　（省略）

国土調査法（昭和２６年６月１日法律第１８０号）

第１７条　国土調査を行った者は，その結果に基いて地図及び簿冊を作成した場合においては，遅滞なく，その旨を公告し，当該調査を行った者の事務所（地籍調査にあっては，当該調査が行われた市町村の事務所）において，その公告のあった日から２０日間当該地図及び簿冊を一般の閲覧に供しなければならない。

2　前項の規定により一般の閲覧に供された地図及び簿冊に測量若しくは調査上の誤又は政令で定める限度以上の誤差があると認める者は，同項の期間内に，当該国土調査を行った者に対して，その旨を申し出ることができる。

3　（省略）

第１９条　国土調査を行った者は，前条の規定により送付した地図及び簿冊（以下「成果」という。）について，それぞれ，国の機関及び第５条第４項の規定による指定を受け又は第６条の３第２項の規定により定められた事業計画に基づいて国土調査を行う都道府県にあっては国土交通大臣に，第８条第１項の勧告に基づいて国土調査を行う者にあっては事業所管大臣に，その他の者にあっては都道府県知事に，政令で定める手続により，その認証を請求することができる。

2　国土交通大臣，事業所管大臣又は都道府県知事は，前項の規定による請求を受けた場合においては，当該請求に係る国土調査の成果の審査の結果に基づいて，その成果に測量若しくは調査上の誤又は政令で定める限度以上の誤差がある場合を除くほか，その成果を認証しなければばらない。

3～6　（省略）

国土調査法施行令（昭和２７年政令第５９号）

第１５条　法第１７条第２項又は第１９条第２項の規定による誤差の限度は，別表第二から別表第四までのとおりとする。

別表第四

精度区分	筆界点の位置誤差		筆界点間の図上距離又は計算距離と直接測量による距離との差異の公差	地積測定の公差
	平均二乗誤差	公差		
甲一	2cm	6cm	$0.020m+0.003\sqrt{S}$ m$+\alpha$ mm	$(0.025+0.003 \sqrt[4]{F})\sqrt{F}$ m²
甲二	7cm	20cm	$0.04m+0.01\sqrt{S}$ m$+\alpha$ mm	$(0.05+0.01 \sqrt[4]{F})\sqrt{F}$ m²
甲三	15cm	45cm	$0.08m+0.02\sqrt{S}$ m$+\alpha$ mm	$(0.10+0.02 \sqrt[4]{F})\sqrt{F}$ m²
乙一	25cm	75cm	$0.13m+0.04\sqrt{S}$ m$+\alpha$ mm	$(0.10+0.04 \sqrt[4]{F})\sqrt{F}$ m²
乙二	50cm	150cm	$0.25m+0.07\sqrt{S}$ m$+\alpha$ mm	$(0.25+0.07 \sqrt[4]{F})\sqrt{F}$ m²
乙三	100cm	300cm	$0.50m+0.14\sqrt{S}$ m$+\alpha$ mm	$(0.50+0.14 \sqrt[4]{F})\sqrt{F}$ m²

備考
　一　精度区分とは，誤差の限度の区分をいい，その適用の基準は国土交通大臣が定める。
　二　筆界点の位置誤差とは，当該筆界点のこれを決定した与点に対する位置誤差をいう。
　三　Ｓは，筆界点間の距離をメートル単位で示した数とする。
　四　αは，図解法を用いる場合において，図解作業の級が，Ａ級であるときは〇・二に，その他であるときは〇・三に当該地籍図の縮尺の分母の数を乗じて得た数とする。図解作業のＡ級とは，図解法による与点のプロットの誤差が〇・一ミリメートル以内である級をいう。
　五　Ｆは，一筆地の地積を平方メートル単位で示した数とする。
　六　ｍはメートル，ｃｍはセンチメートル，ｍｍはミリメートル，㎡は平方メートルの略字とする。

（参考）**筆界点間の計算距離と直接測量による距離との差異の公差**[*7]

精度区分 点間距離(m)	甲一 (cm)	甲二 (cm)	甲三 (cm)	乙一 (cm)	乙二 (cm)	乙三 (cm)
1	2.3	5	10	17	32	64
10	2.9	7	14	25	47	94
50	4.1	11	22	41	74	148
100	5.0	14	28	53	95	190
500	8.7	26	53	102	181	363

※　例えば，精度区分が甲一，直接測量による距離が50.00mであるときは，「甲一」，「50」の該当欄の数値が4.1cmであるので，計算距離が50.00m±4.1cmの範囲内であれば，許容誤差の範囲内にあるといえる。

（参考）**筆界点間の図上距離と直接測量による距離との差異の公差**

精度区分 点間距離(m)	甲一 1/100 (cm)	甲二 1/100 (cm)	甲三 1/250 (cm)	乙一 1/250 (cm)	乙二 1/500 (cm)	乙三 1/500 (cm)
1	5.3	8	18	25	47	79
10	5.9	10	22	33	62	109
50	7.1	14	30	49	90	164
100	8.0	17	36	61	110	205
500	11.7	29	60	110	197	378

（参考）**地積測定の公差**

精度区分 地積(㎡)	甲一 (㎡)	甲二 (㎡)	甲三 (㎡)	乙一 (㎡)	乙二 (㎡)	乙三 (㎡)
50	0.23	0.54	1.08	1.46	3.08	6.17
100	0.34	0.82	1.63	2.26	4.71	9.43
300	0.65	1.59	3.17	4.62	9.38	18.75
500	0.88	2.18	4.35	6.47	12.99	25.98
1000	1.32	3.36	6.72	10.28	20.35	40.71

※　準則第70条の場合で，例えば，精度区分が甲二，申請情報の内容とした地積が500㎡，実地調査の結果による地積が501.89㎡であるときは，それらの地積の差（1.89㎡）が500㎡の公差2.18㎡の範囲内にあるので，申請情報の内容とした地積は許容誤差の限度内にあるといえる。

※　準則第72条の場合で，例えば，精度区分が乙一，分筆前の地積が1000㎡，分筆後の地積が1010㎡であるときは，それらの地積の差（10㎡）が1000㎡の公差10.28㎡の範囲内にあるので，分筆後の地積は許容誤差の限度内であり，地積に関する更正の登記の申請を要しない。

[*7]　誤差の二乗の和を誤差の数等（誤差の伝わり方の考え方により異なる値）で割った平方根を「観測の標準偏差（平均二乗誤差）」と言い，標準偏差の3倍にあたる値を「狂差」と言う。国土調査法の規定では，この狂差にあたる誤差を「公差」と称している。公差は，最確値に対して許容される限界値である。

● **最高裁判所第二小法廷昭和３１年１２月２８日判決**

　　「土地の境界に関する所有者間の合意について，「境界とは異筆の土地と土地の間の境界である。しかし，かかる境界は（中略）・・・客観的に固有するものというべく，当事者の合意によって変更処分し得ないものであって，境界の合意が存在したことは単に右客観的境界の判定のための一資料として意義を有するに止まり，証拠によってこれを異なる客観的境界を判定することを妨げるものではない。」

● **最高裁判所第三小法廷昭和４２年１２月２６日判決**

　　「原判決は，本件各所有権確認請求を審理するにあたり，前提として本件各土地の境界を確定しているが，境界確定については，上告人と被上告人らとの間に合意が成立したことのみに依拠していることは明らかである。しかし，相隣者間において境界を定めた事実があっても，これによって，その一筆の土地の境界自体は変動しないものというべきである（昭和３１年１２月２８日当裁判所第二小法廷）。したがって，右合意の事実を境界確定のための一資料とすることは，もとより差し支えないが，これのみにより確定することは許されないものというべきである。」

1 筆界確認情報の作成主体が複数であり得る場合において，そのうちの一部の
　者の作成した筆界確認情報で足りるとすることが考えられないか
　（検討課題(1)イ，(1)ウ，(2)関係）

（なお，略語等は，本検討会資料で新たに定めるもののほかは，従前の例による。）

1　筆界確認情報の作成主体が複数であり得る場合において，そのうちの一部の者の作成
した筆界確認情報で足りるとすることが考えられないか
（検討課題(1)イ，(1)ウ，(2)関係）
　　各法務局等の取扱要領において，筆界関係申請に際して筆界確認情報の提供を求め，
又は可能な限り求める旨を規定する局は３４局（全国の法務局等は５０局）であるとこ
ろ（第１回検討会資料１－２の４参照），当該情報の内容とすべき事項に関する規定及
び作成主体に関する規定については別紙資料１のとおりであり，筆界関係申請に係る土
地に隣接する土地（以下「隣接土地」という。）の所有権の登記名義人が共有関係にあ
る場合におけるその共有者又は所有権の登記名義人が死亡している場合でその相続の登
記が未了である場合における同人の相続人（以下「未登記相続人」という。）が複数で
ある場合には，２８局がそれらの者の全員が筆界確認情報の作成主体となることを求め
ている。
　　筆界確認情報は，土地の区画が明確でない場合において，登記官が筆界を認定するた
めの資料として利用する情報であり，その本質は，土地の経緯，事情等に精通している
者が筆界確認情報の内容とする筆界についてその認識を明らかにした情報（人証）であ
ると考えると，共有者又は未登記相続人の全部が必ず筆界確認情報の作成主体とならな
ければならないとする必要はないとも考えられる。また，近時においては，土地の所有
権の登記名義人又は土地の未登記相続人について登記記録上の住所に所在せず探索して
もその所在が判明しないケースや，土地の未登記相続人の特定が様々な理由により困難
であるケースなど，筆界確認情報の作成を求めること自体が困難なケースが少なからず
生じている（なお，以下では，このような所有者等の所在が判明しないケースや所有者
を特定することができない状態を「所在が知れない」と総称する。）。
　　本項においては，筆界関係申請に際して提供される筆界確認情報の作成主体について
検討を行うものであるが，例えば，
①　隣接土地を共有者の一部の者が外部的に認識可能な状況で占有しているケースでは
　その者の筆界確認情報で足りるとすること，
②　合理的な探索をしてもなお隣接土地の共有者の一部の所在が知れないケースにおい
　ては，所在を把握することができた共有者の筆界確認情報で足りるとすること，
③　合理的な探索をしてもなお隣接土地の所有者又は全ての共有者の所在が知れないケ
　ースにおいては，隣接土地の一筆について使用収益の権限を有することが登記記録上
　明らかな者の筆界確認情報で足りるとすること
④　③のケースにおいては，隣接土地の過去の所有権の登記名義人が作成した筆界確認
　情報で足りるとすること
ができないかを検討することが考えられる。
(1)　隣接土地に共有者又は未登記相続人の一部の者が占有しているケースではその者の
　筆界確認情報で足りるとすることについて
　　　登記実務において，登記官が隣接土地の共有者又は未登記相続人の立会いを得て実
　地調査を実施した場合に，当該共有者又は未登記相続人の一部の者から「筆界につい
　て認識はなく，知らない。」とする供述がされることが少なからずあり，様々な理由
　で土地の経緯や事情，筆界等に関して何らの知見もない共有者又は未登記相続人が筆

- 1 -

界確認情報を作成しているケースも現実に存在していると考えられる。

　他方で，隣接土地の共有者又は未登記相続人のうちの一部の者が隣接土地を現に占有しているケースがあり，例えば，被相続人とその相続人の一部の者が当該土地に建築された建物に同居していたが，被相続人の死亡後も当該相続人が引き続き居住しているケースなどが典型例であると考えられる。このように隣接土地の共有者又は未登記相続人のうちの一部の者が隣接土地を現に占有（以下「占有者」という。）しているケースでは，その占有者が日常的に占有している土地の現状を維持するための行為を行っていることが通例であり，また，土地の経緯，事情等にも精通していると考えられる。

　このような状況を踏まえると，筆界確認情報を登記官が筆界を認定するための資料として利用する範囲においては，共有者又は未登記相続人のうち，現に占有している者が作成主体となり，その者が共有者又は未登記相続人の一部であったとしても当該情報から筆界としての心証が得られるのであれば，残りの共有者又は未登記相続人の作成した筆界確認情報の提供がなくとも判断が十分に可能であるとする考え方があり得ると考えられる（なお，現に占有しているといっても外部的に認識が困難な占有状況もあり得ることから，ここでは，外部的に認識可能な状況で占有をしているものに限ることが考えられる。）。

　以上から，隣接土地に共有者又は未登記相続人の一部の者が占有しているケースではその者の筆界確認情報で足りるとすることが考えられるが，どのように考えるか。

(2) 隣接土地に占有者が存せず合理的な探索をしてもなお共有者又は未登記相続人の一部の所在等が知れないケースでは所在等を把握することができた共有者又は未登記相続人の筆界確認情報で足りるとすることについて

　ア　合理的な方法での探索について

　　筆界の確認を得るべき者が複数である場合において，共有者の一部にその所在を特定することができず，所在が不明である者が含まれることがある。例えば，共有者が自然人又は法人である場合に，登記されている共有者の氏名又は名称及び住所から現在の所在を把握することができないことがあり得る。また，自然人について相続が発生していることは確認することができるが，①土地の相続人は全部判明し，生存も確認できているが一部の土地の相続人について現在の所在が不明な場合，②その相続関係の一部が不明であり，一部の相続人の特定が困難である場合，③一部の相続人について死亡の有無が不明であり，所在も確認することができない場合など様々な状況が想定される（これら所在が不明な者及び特定が困難な相続人等を総称して，以下「所在不明者等」という。）。

　　このように，登記名義人又はその一般承継人が直ちに不明である場合において，その探索の手段及びその程度を検討するに当たり登記手続のなかで参考となるのは，いわゆる休眠担保権の単独抹消手続の特例を適用するための要件であると考えられる。当該要件において，登記義務者の行方が知れないため共同申請によることができない場合で，登記義務者が自然人であるときに行方が知れないというには，単に登記権利者が登記義務者の所在を知らないというだけでは足りず，住民票や戸籍簿の調査，官公署や近隣住民への聞き込み等相当な探索手段を尽くしても，なお

- 2 -

不明であることを要するとし，登記義務者が法人であるときに行方が知れないというには，当該法人の登記記録に記録がなく，閉鎖された登記記録が廃棄されているため，存在の有無が登記記録上確認することができず，さらに当該法人のかつての取引銀行その他の取引先等において調査しても存在が判明しないことを要するとしている。

　上記の探索の手段及びその程度を参考にすると，「合理的な方法での探索」として，次の方法が考えられる。

　　a　自然人である共有者又は未登記相続人の所在が不明な場合
　　　　住民票（除票を含む），戸籍の附票及び戸除籍を収集することに加えて，所在を把握することができた共有者又は未登記相続人，市町村役場，地元の自治会，所在不明者等が所有する土地の近隣住民及び所在不明者等が所有する土地の登記記録上の住所の近隣住民に聴取する方法

　　b　共有者である法人の所在が不明な場合で存在の有無が登記記録上確認することができないとき
　　　　所在を把握することができた共有者，市町村役場，税務署，所在不明法人が所有する土地の近隣住民及び所在不明法人が所有する土地の登記記録上の本店又は主たる事務所の近隣住民に聴取する方法

　　c　共有者である法人の所在が不明な場合で存在の有無が登記記録上確認することができるとき
　　　　法人の登記記録を収集することに加えて，所在を把握することができた共有者，市町村役場，税務署，所在不明法人が所有する土地の近隣住民，所在不明法人の法人登記の記録上の本店又は主たる事務所の近隣住民及び代表取締役又は清算人の法人の登記記録上の住所の近隣住民に聴取する方法

　　d　未登記相続人の特定が困難である場合
　　　　住民票（除票を含む），戸籍の附票及び戸除籍を収集することに加えて，把握することができた土地の未登記相続人及び血縁関係のある者に聴取する方法

　他方で，近時の地域社会においては，相隣関係が希薄となってきていることや地域社会の一員としての協力関係が構築されにくい状況であることを踏まえると，所在不明者等が所有する土地の近隣住民への聴取を行ったとしても，有益な情報が得られる可能性は低く，更に所在不明者等が所有する土地の登記記録上の住所等の近隣住民に聴取を行うには，遠方（場合によっては海外）に出向く必要が生じることがあるなど，所在不明者等を探索する者にとって探索に必要な労力や金銭的な負担が過重なものとなることが考えられる。このほか，住民票や戸籍の収集についても，個人情報の保護の観点から要件が厳格化されており，情報収集は困難になっている状況にある。

　このような，所在不明者等の探索における過重な負担を軽減するという観点については，例えば，所有者不明土地の利用の円滑化等に関する特別措置法において定められた土地収用法の特例において，公共事業のために土地収用を行う前提

- 3 -

としての土地所有者の探索に関して，土地の登記事項証明書や住民票等の調査を行うことが想定されている一方で，地元精通者等への照会等については，合理的な範囲に限り行うものとされていること（「所有者不明土地の利用の円滑化及び土地の所有者の効果的な探索に関する基本的な方針」（昭和３０年法務省・国土交通省告示第2号）第２の１，別紙資料２）に見られる（なお，法制審議会民法・不動産登記法部会においては，登記された存続期間が満了している権利に関する登記について，「相当な調査が行われたと認められるものとして法務省令で定める方法により調査を行ってもなお登記義務者の所在が知れない」ときに，公示催告及び除権決定の手続を経て，単独で抹消の申請をすることができるとしているが，ここでも，同様に，登記名義人の調査方法を合理的なものに限定する方向性が示されている（同部会中間試案第９の１　204ページ参照）。

　以上を踏まえると，「合理的な方法での探索」として，例えば，次の各案が考えられるが，どのように考えるか（ここでは，典型例として自然人のケースを念頭に置いている。）。

【Ａ案】
● 　共有者又は未登記相続人の所在が不明な場合
　　住民票（除票を含む），戸籍の附票，戸除籍，法人の登記事項証明書等の公の機関が発行する情報を可能な範囲で収集して，収集することができた情報で判明する範囲で探索することに加えて，所在が不明な者が所有する土地の近隣住民に聴取することが必要である。
● 　未登記相続人の特定が困難である場合
　　住民票（除票を含む），戸籍の附票，戸除籍等の公の機関が発行する情報を可能な範囲で収集して，収集することができた情報で判明する範囲で探索することに加えて，把握することができた土地の相続人に聴取することが必要である。

【Ｂ案】
● 　共有者又は未登記相続人の所在が不明な場合
　　住民票（除票を含む），戸籍の附票，戸除籍，法人の登記事項証明書等の公の機関が発行する情報を可能な範囲で収集して，収集することができた情報で判明する範囲で探索すれば足りる。
● 　未登記相続人の特定が困難である場合
　　住民票（除票を含む），戸籍の附票，戸除籍等の公の機関が発行する情報を可能な範囲で収集して，収集することができた情報で判明する範囲で探索すれば足りる。

（補足説明）
　近年では市街地地域（都市部）においては相隣関係が希薄となってきていることや地域社会の一員としての協力関係が構築されにくい状況があること，山林・原野地域及び農耕地域においては土地の名義人の高齢化に伴って土地が利用，管理されなくなり筆界の不明確化が進行していることや相続登記が放置され所有者が不明なケースが多くなっていることなどから，隣接土地の名義人等との間で筆

- 4 -

界の確認をすることに困難を伴い，そのため過重な労力や金銭的な負担を強いられるケースが増加しているものと考えられる。

　　このようなことを背景に筆界確認情報を得るための労力等が筆界関係申請の申請人にとって過重な負担となり，不動産取引の阻害要因となっているとの指摘がされているものと考えられる。

　イ　合理的な探索をしてもなお共有者又は未登記相続人の一部の所在等が知れないケースでは所在等を把握することができた共有者又は未登記相続人の筆界確認情報で足りるとすることについて

　　上記アで検討した，「合理的な方法での探索」をしても，なお共有者又は未登記相続人の一部しか把握することができない場合において，把握することができない者の筆界確認情報の作成・提供を求めるとすれば，隣接土地の所有者が相続登記等を行っていない結果として，所在不明者等を探索する者に対して過重な負担を強いることとなり，近年におけるいわゆる「所有者不明土地」が全国的に増加していることに鑑みれば，相当ではないとする考え方があり得ると考えられる。

　　以上を踏まえると，隣接土地に占有者が存せず，また，合理的な探索をしてもなお共有者又は未登記相続人の一部の所在等が知れないケースでは，当該探索の結果，所在等を把握することができた共有者又は未登記相続人の筆界確認情報で足りるとすることが考えられるが，どのように考えるか。

(3) 隣接土地に占有者が存せず合理的な探索をしてもなお共有者又は未登記相続人の全部の所在等が知れないケースでは隣接土地の一筆について使用収益の権限を有することが登記記録上明らかな者の筆界確認情報で足りるとすることについて

　　上記(2)アで検討した，「合理的な方法での探索」をしても，なお所有者又は全ての共有者を把握することができない場合において，このような方法では把握することができなかった所有者等の筆界確認情報の作成・提供を求めるとすれば，上記(2)イと同様に相当ではないとする考え方があり得ると考えられ，このようなケースでは認定すべき筆界について筆界確認情報の提供を受けることができないこととなるため，登記官は筆界に関する登記所保管資料，筆界確認情報以外の資料，不動産登記法第29条に規定する実地調査の調査結果等から筆界を認定することとなるが，それらの資料等で筆界を認定することができない場合は，筆界関係申請を不動産登記法第25条第11号（表示に関する登記の申請に係る不動産の表示が第29条の規定による登記官の調査の結果と合致しないとき。）により却下することとなる。

　　しかし，当該隣接土地の一筆について使用収益の権限を有することが登記記録上明らかな者（以下「使用収益権者」という。）が存する場合，例えば，登記された地上権の地上権者，登記された賃借権の賃借権者，一筆の土地の全体を地役権の範囲として登記された地役権の地役権者等が現に隣接土地を使用収益しているような場合においては，筆界確認情報の作成主体となる全ての共有者又は未登記相続人の所在等が合理的な探索をしてもなお不明であることに照らせば，使用収益権者が作成した筆界確認情報を筆界認定の資料として利用する範囲においては，筆界認定の心証を得ることができる者として作成主体となることを許容することに問題はないとする考え方があり得ると考えられる。

- 5 -

以上を踏まえ，どのように考えるか。
(4) 隣接土地に占有者が存せず合理的な探索をしてもなお共有者又は未登記相続人の全部の所在が知れないケースで隣接土地の過去の所有権の登記名義人との間で筆界確認情報を作成している場合には当該情報で足りるとすることについて

　これまで検討した視点のほか，過去に作成されていた筆界確認情報を利用することが考えられる。

　筆界確認情報は，これまでも，筆界関係申請に際して提供されているため，登記所に当該申請情報と共に保管されていることが少なくない。この場合の筆界確認情報の作成主体は，当該申請当時の申請地及び隣接土地の所有権の登記名義人であることが多く，現在の土地の所有権の登記名義人（以下「現在の名義人」という。）と異なることも少なくない（別紙資料４）。また，筆界関係申請を行わずに土地の売買を行う，いわゆる公簿取引では，売主である土地の所有権の登記名義人が筆界確認情報を作成していて，買主である新たに土地の所有権の登記名義人となった者に提供していることがある。

　このように，様々な経緯によって過去に作成された筆界確認情報が存在するところであるが，これを利用しようとする場合には，その後に土地の所有権の登記名義人に変動が生じていることが少なくないため過去のある時点に土地の名義人であった者（以下「過去の名義人」という。）がその所有権の登記名義人である間に作成した筆界確認情報であっても，これを利用することに何ら問題はないといい得るかを検討する必要がある（当然ながら，過去の筆界関係申請において提供された筆界確認情報の内容とする筆界について，当該情報からその位置を現地に復元することが条件になると考えられる。）。

　ここでは，合理的な探索をしても隣接土地の所有者又は全ての共有者の所在が知れないことを前提とすれば，過去に第三者によって作成された筆界確認情報ではあるが，これを利用することが考えられる。

　以上を踏まえ，どのように考えるか。

（補足説明）

　　過去の筆界関係申請において提供された筆界確認情報を登記所で保管している場合，その多数が写しであり（オンライン申請が普及していない年代では，申請時には原本と写しを提供し，当該登記の完了後に原本を申請人等に還付する取扱いが一般的である。），保管の年数等によっては情報の判読が困難であることが想定されるため，その原本を現在の名義人が所持している場合には，改めて写し又は電磁的記録の提供を求めることも考えられる。

- 6 -

【筆界確認情報の内容とすべき事項に関する規定】

（令和元年１０月３１日現在）

内容	局数	割合(%)
筆界について異議なく確認したこと	１９	５５．９
筆界について確認したこと	１２	３５．３
筆界について異議がないこと	２	５．９
（具体的な定めなし）	１	２．９
合計	３４	

【作成主体に関する規定】

（令和元年１０月３１日現在）

作成主体（申請に係る土地を除く）	局数	割合(%)
隣接土地の所有者（等）	５	１４．７
隣接土地の所有者（等）又はその代理人（等）	４	１１．８
隣接土地の所有者，権限を有する管理人（等）	１０	２９．４
隣接土地の所有者，権限を有する管理人，その他利害関係人	３	８．８
関係人	２	５．９
立会いの事実を確認し，測量した者※	１０	２９．４
合計	３４	

※　立会証明書（立会いの事実を証明した書面）の提供を求める法務局等における
　　規定である。

○　法務省・国土交通省告示第二号
　　所有者不明土地の利用の円滑化等に関する特別措置法（平成三十年法律第四十九号）第三条第一項の規定に基づき，所有者不明土地の利用の円滑化及び土地の所有者の効果的な探索に関する基本的な方針を次のように定めたので，同条第四項の規定に基づき公表する。
　　　平成三十年十一月十五日

　　　　　　　　　　　　　　　　　　　　法務大臣　　山下　　貴司
　　　　　　　　　　　　　　　　　　　　国土交通大臣　　石井　啓一

所有者不明土地の利用の円滑化及び土地の所有者の効果的な探索に関する基本的な方針

第1　所有者不明土地の利用の円滑化等の意義及び基本的な方向
　　我が国では，人口減少に伴う土地利用ニーズの低下や地方から都市等への人口移動を背景とした土地の所有意識の希薄化等により，不動産登記簿では所有者の氏名や所在がわからない土地，いわゆる「所有者不明土地」が全国的に増加している。所有者不明土地の存在により公共事業用地の取得などの様々な場面において，所有者の探索に多大な時間・費用・労力を要する場合や，所有者不明土地の利用を可能とする現行制度の活用に当たり手続に時間を要する場合があり，円滑な事業実施の大きな支障となっている。また，公共的目的であっても，そもそも所有者不明土地の利用を可能とする制度の適用対象とならず，所有者不明土地を利用することができない場合もある。更なる高齢者人口の増加が進む我が国の人口動態を踏まえれば，今後大量の相続が発生する時期を迎える中で所有者不明土地が一層増加することが見込まれるため，その対策は喫緊の課題となっている。
　　このような状況において所有者不明土地の利用の円滑化及び土地の所有者の効果的な探索（以下「所有者不明土地の利用の円滑化等」という。）を図るためには所有者の探索を合理化すること，所有者不明土地の公共的目的のための円滑な利用を可能とすること，所有者不明土地問題に直面する事業者や地方公共団体への支援を充実させること等が重要である。
　　この基本方針はこのような認識の下「所有者不明土地の利用の円滑化等に関する特別措置法」（平成30年法律第49号。以下「法」という。）第3条第1項の規定に基づき所有者不明土地の利用の円滑化等を図るために必要な事項を定めるものである。
第2　所有者不明土地の利用の円滑化等のための施策に関する基本的な事項
　（略）
　1　所有者不明土地の定義
　　　所有者不明土地とは，広義には登記簿からは所有者の氏名や所在が直ちに判明しない土地を指すことがあるが，法における所有者不明土地は，相当な努力が払われたと認められる方法により探索を行ってもなおその所有者の全部又は一部を確知することができない一筆の土地としている。

- 8 -

　相当な努力が払われたと認められる探索の方法については，土地の所有者を確知するために必要な情報（以下「土地所有者確知必要情報」という。）を取得するため，①土地の登記事項証明書の交付の請求，②土地所有者確知必要情報を保有すると思料される者に対する土地所有者確知必要情報の提供の請求，③土地の所有者と思料される者が記録されている書類を備えると思料される市町村の長又は登記所の登記官に対する土地所有者確知必要情報の提供の請求，④土地の所有者と思料される者に対する所有者を特定するための書面の送付等をとることを定めている。

　これは土地収用法（昭和２６年法律第２１９号）における探索に係る起業者が「過失がなくて土地所有者等を知ることができない」という基本的な考え方を変えるものではないが，行うべき探索の方法を明確化・合理化することにより，より効果的な探索を行うことを趣旨とするものである。

　なお，②の請求に際しては，法に定める土地所有者等関連情報の利用及び提供の仕組みを活用することが求められる。他方，これまで行われてきた地元精通者，近隣住民，海外の県人会等への照会や宛所不明での返信の際の最終住所地への訪問については，多大な労力を要するにもかかわらず地縁の希薄化等を背景に情報を得られにくくなっていることや，個人情報保護の観点を踏まえ，合理的な範囲に限り行うものとする。また，長期相続登記等未了土地については，登記官による登記名義人となり得る者の探索の成果を活用することが有効である。

　また，土地収用法の特例及び地域福利増進事業による使用権の設定の対象となる所有者不明土地は，複雑な建築物の補償や営業補償を要さない土地，すなわち，現に建築物（簡易なものを除く。）が存せず，かつ，業務の用その他の特別の用途に供されていない土地（以下「特定所有者不明土地」という。）に限ることとしている。

2　（以下略）

○　登記関係参考先例

●　昭和３５年１２月２７日付け民事三発第１１８７号民事局第三課長心得回答
　　接続地が共有である土地の地積訂正の申告書に共有者が連署し又はその承諾書を添付する場合には，共有者全員の連署又は承諾書の添付を要する。

●　昭和５２年１２月７日付け民三第５９３６号民事局第三課長回答
　　旧土地台帳附属地図に記載された土地の境界の表示に誤りがあるときは、所有者その他の利害関係人は、その誤りを証するに足りる資料を添えてその訂正の申出をすることができる。
　　関係資料、他の利害関係人の証言、物証などから当該境界の表示が明らかに誤りであることを登記官において確認できる場合には、必ずしも利害関係人全員の同意書の添付を要しない。

○　過去の名義人が作成主体となった筆界確認情報の例

　　平成9年12月1日現在，図1のとおり隣接する各土地において，以下のとおりの経過があった。この場合，平成18年2月現在，登記所には現在の名義人であるAと過去の名義人であるDが作成主体となった筆界確認情報の写しが申請情報と共に保管され，また，Aは同情報の原本を所持していることとなる（事例の前提として，登記所には，図1の各土地が所在する地区について地図に準ずる図面が備付けられ，各土地について地積測量図の備付けはない。）。

● 　36-3の土地の名義人であるDは，当該土地を売却する前提として，平成10年1月に地積に関する更正の登記を申請を行い，当該申請は受理された。
● 　当該申請には，Dと36-3に隣接する各土地の名義人（A，C，E及びF）との間で作成した筆界確認情報（DとA，DとC，DとE及びDとFが作成主体となったもの4通であるが，いずれも平成9年12月1日に立会いを行い，同日作成された。）の　写しが提供され，当該情報の原本は作成主体となった者がそれぞれ所持している。
● 　当該申請に併せて提供された地積測量図には復元基礎情報の記録はない。

図1　（平成9年12月から平成10年1月）

● 　平成10年3月，DはXに36-3の土地を売却し，売買を登記原因としてDからXへの所有権の移転の登記がされた。DはXに，DとAが作成主体となった筆界確認情報の原本を手交した。
● 　同年5月，XはYに36-3の土地を売却し，売買を登記原因としてXからYへの所有権の移転の登記がされた。XはYに，DとAが作成主体となった筆界確認情報の原本を手交した。

図2　（平成10年3月から同年5月）

図3　（平成18年2月）

● 36－2の土地の名義人であるAは，当該土地を売却する前提として，地積の更正の登記を申請する必要がある。

○　土地家屋調査士が筆界確認情報を作成する際の手順

　　土地家屋調査士が筆界確認情報を作成するまでの一般的な手順等は，日本土地家屋調査士会連合会が作成した「土地家屋調査士調査・測量実施要領」に示されている。
　　当該要領によると，筆界確認情報が作成されるまでの土地の調査・測量の作業手順の概略は次のとおりである。
　①　資料調査及び解析
　②　現地調査
　③　筆界調査のための基礎測量
　　　（筆界に関する現況等の筆界確認の要素となるものを調査及び測量する作業）
　④　画地調整
　　　（基礎測量で得た筆界確認の要素及び資料調査に基づき収集した既存資料との照合・点検をした上で，面積，辺長の調整計算を行うことにより周辺土地との均衡調整を図り，筆界点を確定させるための作業）
　⑤　筆界の確認のための立会い
　⑥　一筆地測量
　⑦　筆界確認情報の作成

筆界認定の在り方に関する検討報告書（案）

令和２年〇月

筆界認定の在り方に関する検討会

目 次

※　略語は文中で定めるものを除き，以下の例による。
　不登法＝不動産登記法（平成16年法律第123号）
　不登規則＝不動産登記規則（平成17年法務省令第18号）

第1　はじめに

　　不動産の表示に関する登記は，わが国の社会経済活動の基盤となる不動産取引の前提となるものであるが，土地の表題登記，地積に関する変更若しくは更正の登記又は分筆の登記（以下「筆界関係登記」という。）の申請をする際には，実務上「相互に隣接する土地の所有権の登記名義人が現地立会い等によって土地の筆界を確認し，その認識が一致したこと及びその地点を特定して示すことを内容とする情報（以下「筆界確認情報」という。）」が提供されることが少なくないが，その取得には困難を伴うことがあり，不動産取引の円滑の阻害要因となっているとの指摘がされている。この指摘の背景として，近年においては，土地の所有権の登記名義人の死亡後に相続登記が放置されているため相続人が不明なケースや相続人が判明してもその所在を把握することが困難なケース，更には相続人が多数に上ってしまうケースなどがみられるほか，隣人関係の希薄化などから筆界確認情報の作成及び登記所への提供（ここでの作成とは，登記所への提供を目的とした作成をいい，当事者が必要に応じて任意的に作成することを含まない。以下「筆界確認情報の提供等」という。）について筆界関係登記の申請に係る土地（以下「申請土地」という。）に隣接する土地（以下「隣接土地」という。）の所有権の登記名義人の協力が得られないケースが増加しているなど，申請土地の所有権の登記名義人と隣接土地の所有権の登記名義人又はその相続人とが共同して筆界の確認をすることに困難を生ずるようになっていることがあげられる。

　　また，平成17年に不登規則が改正され，登記申請の添付情報として登記所に提供される地積測量図（以下「地積測量図」という。）には必ず筆界点の座標値を記録するものとされ，不登法第14条第1項に規定する地図（以下「14条1項地図」という。）も含めて，図面に図示された特定の点や線を現地に復元することができる能力（以下「現地復元性」という。）を備えた資料が登記所に保管されるようになってきており，これらの資料を活用することで，一律に筆界確認情報を求める必要がなくなるのではないかとの指摘もされているところである。

　　このような指摘を踏まえ，本検討会では，登記実務の観点から，筆界確認情報を得ることが困難な場合等を主として念頭に置きつつ筆界関係登記における筆界認定の在り方を整理することを目的として検討を行っている。

　　本検討会は，令和2年1月以降，合計4回にわたって検討を続けてきたが，筆界確認情報を得ることが困難なケースは多岐にわたり，その全てのケースを網羅的に検討することは困難であるため，代表的なケースを検討した上で，考えられる筆界認定の在り方の方向性とその課題について提示しようとするものである。

第2　筆界認定の在り方
　1　登記所における筆界確認情報の利用の現状について

　　登記所に筆界関係登記が申請された場合には，登記官は，筆界関係登記の申請に関するすべての事項を審査しなければならず（不登規則第57条），この審査の結果に基づき，その申請のとおりの登記をするか，又は不適法なものとして却下するかを決定しなければならない（不登法第25条）。そのため，登記官は，筆界関係登記の申請の審査においては，当該申請に係る土地の筆界の全てについて，地積測量図に記

- 1 -

録された筆界の位置及び形状に誤りがないことを調査することとなる。

　登記官が調査すべき筆界は，国家が行政作用により定めた公法上のものであって，関係する土地の所有者がその合意によって処分することができない不動のものであるところ，実際に筆界を調査するといっても，筆界は大きな広がりを持つ土地を人為的に区画した区画線であり，かつ，概念上のものであるため現地において筆界を目視することはできず，外形上これを判断することができない。したがって，現地復元性を備えた信頼性のある資料が存する場合を除いて筆界認定にはそもそも相当な困難性を伴う作業であるということができる。

　なお，現状では，現地復元性を備えた信頼性のある資料としては，地積測量図又は１４条１項地図が考えられるが，これらが備え付けられているのは一部の土地に限られている。

　このような状況の下で，登記官は，筆界を調査する際には，筆界確認情報の提供等を求め，これを筆界の認定の有力な証拠として取り扱っているのが実情であると考えられる。

　このように，筆界確認情報は，現状では，登記官が筆界認定を行う際の有力な資料として利用されることが少なくないが，法令で提供を義務付けているものではなく，各法務局及び地方法務局（全国の法務局又は地方法務局は５０局である。以下「法務局等」という。）において，不動産の表示に関する登記の実務上の詳細な取扱いを定めた法務局等の長の訓令，通達等（以下「取扱要領」という。）に基づき提供を求めているものであり，登記実務の慣習によるものともいえる。

　全国の法務局等において，令和元年１０月３１日現在，取扱要領における筆界確認情報の提供等に関する規定の状況は別表１のとおりであり，筆界確認情報と併せて筆界確認情報への押印に係る印鑑証明書の提供を定めた規定の有無は別表２のとおりである。これによると，地積に関する変更若しくは更正の登記又は分筆の登記では７２パーセントの法務局等が筆界確認情報の提供等を求めることとしており，約４０パーセントの法務局等が筆界確認情報には押印に係る印鑑証明書の提供を求めることとしている。

　また，筆界確認情報の内容とすべき事項及び筆界確認情報の作成主体に関する規定の状況は別表３及び別表４のとおりであり，これによると，作成主体は隣接土地の所有権の登記名義人とするものが多数であり，所有権の登記名義人が共有関係にある場合におけるその共有者（以下「共有登記名義人」という。）又は所有権の登記名義人が死亡している場合でその相続の登記が未了であり，相続人が複数である場合における相続人（以下「未登記相続人」という。）に関しては，２８の法務局等が共有登記名義人又は未登記相続人の全員が筆界確認情報の作成主体となることを求めている。

2　筆界認定の基本的な考え方について

　登記官が筆界の調査を行う場合には，調査の対象となる土地の筆界が形成された当時に作成された客観的な資料を基礎資料とし，加えてその他の参考となる資料を総合的に勘案することにより，合理的な判断をすることができるものと考えられる。

- 2 -

具体的には，地租改正事業により創設された筆界については当該事業で作成された旧土地台帳附属地図を，分筆の登記により創設された筆界については当該分筆の登記（申告）に係る地積測量図（分筆申告書の添付図面）を，土地区画整理法等に基づく換地処分により創設された筆界については当該換地処分の所在図又は換地確定図等（書証）を基礎資料としつつ，周辺土地を含めた現地における既設境界標又はこれに代わるべき恒久的地物の設置状況，境界工作物（ブロック塀，ネットフェンス，生け垣等）の設置状況，土地の外形上の特徴（自然地形）及び占有状況等の事実（物証）を把握するとともに，申請土地と隣接土地の所有権の登記名義人，近隣住民，地元精通者等から，境界標や境界工作物の設置者及び設置経緯，地形の変化の有無，筆界に関する認識等の供述・証言等（人証）を得て，これらの中で客観性のある事実関係を重視して総合的に判断するのが合理的であると考えられる。

　もっとも，これらの資料が乏しいケースに関しては，入手可能な資料の中でどの資料を基礎として筆界認定を行うのが合理的であるかという観点からの資料の評価が重要であると考えられる。

3　筆界認定に当たっての筆界確認情報の利用の在り方について

　登記官が調査すべき筆界は，国家が行政作用により定めた公法上のものであって，関係する土地の所有者がその合意によって処分することができない不動のものであるところ，一般に，多くの土地の所有権の登記名義人等においては，土地の境界に所有権界や筆界などの種別があるということを理解していないのが通例であり，土地の境界に関する認識は，過去の経緯を踏まえながら現実に排他的に利用している範囲あるいは排他的に利用可能であると考えている範囲に依存し，必ずしも国家が行政作用により定めた筆界を意識しているとは限らない。しかし，土地所有権は元来重要なものと意識されてきたため，所有権界が筆界形成当時の位置を大きくそれるという事態は例外的なものであり，所有権界についての認識が結果的に筆界を示していることが少なくないと考えられる。

　すなわち，筆界確認情報は，土地の経緯，事情等に精通している者の供述（人証）の一種であり，当事者の認識に依拠する情報であることを考慮すると，その内容には誤認又は記憶の変質といった危険が含まれている可能性を否定することはできず，筆界認定の資料とするとしてもその信頼性については適切に評価をすることが必要である。具体的には，筆界確認情報の内容が筆界に関する登記所保管資料や客観的な事実関係と大きく矛盾していないことを確認し，筆界確認情報の内容が筆界を示すものであるとの一応の心証が得られる場合に限り，筆界認定の資料として採用すべきであると考えられる。

　そもそも，筆界関係登記の申請に際して，筆界確認情報の等を求める取扱いは，土地台帳事務が税務署で行われていた当時の「地租事務規程（東京税務監督局長訓令第6号）」（昭和10年8月1日発出）第165条において「地積ニ関シ誤謬訂正ノ申請アリタルトキハ左ノ各号ニ依リ取扱フヘシ」とし，同条第1号で「他人ノ所有地（国有地，御料地等ヲ含ム）ニ接続スルモノハ申請書ニ接続地所有者ノ連署ヲ受ケシムルカ又ハ承諾書ヲ添付セシメ（以下略）」としていることから，少なくとも昭和10年に

- 3 -

は，現在の地積に関する更正の登記に相当する申告において，筆界確認情報の提供等を求めていた。その後，登記所で土地台帳事務が行われた後においても，「土地台帳事務取扱要領（昭和２９年６月３０日民事甲第１３２１号民事局長通達）」（昭和２９年６月３０日発出）第７１条において「地積訂正の申告書には，地積の測量図を添附させる外，当該土地が他人の所有地（国有地を含む）に接続するときは，接続地所有者の連署を受けさせるか又はその者の承諾書を添附させ（以下略）」としており，「地租事務規程」を引き継ぐ形で筆界確認情報の提供等を求めていたが，当時は現在と比較して筆界認定の資料が十分に備わっていないこともあって，登記官も人証である筆界確認情報に頼らざるを得ない状況にあったものと考えられる。

　そして，これを更に引き継ぐ形で，現在まで，各法務局等の取扱要領に筆界確認情報の提供等を求める旨の規定が定められていると推測される。

　しかし，近年においては，筆界に関する登記所保管資料も増大しつつあり，現地復元性を有する地積測量図及び１４条１項地図などの信頼性の高い資料が存するほか，①土地の所有権の登記名義人の死亡後に相続登記が放置されているため相続人が不明なケース，②所有権の登記名義人又は未登記相続人の所在を把握することが困難なケース，③隣人関係の希薄化などから筆界確認情報の提供等について隣接土地の所有権の登記名義人の協力が得られないケース，④筆界確認情報への署名又は記名押印に際して過大な要求が行われるケースが出現するなど，筆界確認情報作成のために過大な労力や金銭的な負担を強いられるケースが増加している。

　これらのことに鑑みると，筆界関係登記の申請に際して幅広く筆界確認情報の提供等を求める登記実務上の取扱いについては，現在の社会情勢を踏まえつつ合理的な範囲に絞り込むことが必要であると考えられる。

　登記官が筆界を認定する必要がある場合において，筆界に関する登記所保管資料や筆界に関する現況等の物証が乏しいときは，筆界関係登記の申請の処理期間として一般に許容される期間内に筆界を認定することに困難が伴うことはあり得る。このようなケースを念頭に置けば，筆界確認情報を適切な範囲で利用すること自体は引き続き否定されるものではないが，登記所保管資料や筆界に関する現況等に鑑みれば筆界は明確であるといい得る場合にまで，一律に筆界確認情報の提供等を求めることには，少なくとも不動産登記の審査の観点からは合理的な理由に乏しいといわざるを得ないと考えられるため，筆界確認情報の提供等を不要とするべきであると考えられる。

　また，仮に筆界が明確でないために筆界確認情報の提供等を求めることに理由があるとみられるケースについても，その作成主体となり得る者が複数であるときには，登記官において筆界に関する心証形成を図ることができる限度で筆界確認情報の提供等を受ければよく，一律に，例えば全ての共有登記名義人から筆界確認情報の提供を受ける必要はないものと考えられる。このほかにも，一定の者については筆界確認情報の提供等を要しないとすることで足りるケースについては，念のため，それらの者も含めて筆界確認情報の提供等を求めることにはしないとすることが合理的であると考えられる。

　以上のような基本的な考え方に基づいて，筆界認定に当たっての筆界確認情報の利用の在り方につき，改めて検討を加えたものが，別添資料であり，今後，法務局等に

- 4 -

おいて，地方ごとの実情なども踏まえつつ，登記実務における筆界確認情報の利用の在り方について，積極的に検討を行うことが望まれる。

　なお，別添資料においては，あくまでも，一定の条件の下では筆界確認情報の作成及び提供を不要とすることが合理化されるとの判断を類型的に示しているが，①ここで筆界確認情報を利用しなくてよいとされているケースについても，個別の事案に応じて筆界確認情報の利用による筆界の認定が例外的に必要となることはあり得るものであるし，他方で，②ここで筆界確認情報を利用することが考えられるとされているケースであっても，登記官が個別の事案に応じて筆界確認情報を利用することなく，客観的な資料や事実関係に基づき筆界の認定を行うことが妨げるものではないことについては，重ねて注意を促すこととしたい。

4　付言（永続性のある境界標の設置について）

　境界標は，その設置によって，現地において目視することができない筆界の位置をその境界標を現認する人々に対して現地に表現し，権利の客体となる土地の区画を明確化させることができるものであるため，永続性のある境界標を設置することによって，後日の境界紛争や工作物の越境に伴う紛争等の発生を未然に防止する効果が期待できるほか，別添資料においても検討されているとおり，登記官が筆界認定を行う際にも物証として重要な判断資料となり，ひいては表示登記が適切に行われることで，将来の公共事業や防災事業の実施が円滑に行われ，また，不動産の取引の円滑に資することに繋がるものと考えられる。

　現実として当事者間で筆界を確認した場合においては，境界標の設置自体は当事者の自由意思に委ねるほかはなく，境界標の設置がされていないことも少なくないが，国や地方公共団体等の公の機関が何らかの事業又は事業の前提として筆界を調査，確認した場合には，境界標の設置の重要性に鑑み，事業主体である公の機関が地域の慣習に応じた永続性のある境界標を設置することの意義を改めて検討することが望まれる。

【別表１】 筆界確認情報の提供に関する規定の有無

（令和元年１０月３１日現在）

規定の有無 登記の種別	提供を求める規程あり		提供を求める 規程なし （局）
	提供を求める （局）	可能な限り求める （局）	
地積に関する変更又は更正	２４	１０	１６
分筆	２４	１０	１６
土地の表題	２２	９	１９

※ 全国の法務局・地方法務局は５０局である。

【別表２】 筆界確認情報への押印に係る印鑑証明書の提供に関する規定の有無

（令和元年１０月３１日現在）

規定の有無 登記の種別	提供を求める規程あり		提供を求める 規程なし （局）
	提供を求める （局）	可能な限り求める （局）	
地積に関する変更又は更正	９	１１	３０
分筆	９	１０	３１
土地の表題	９	８	３３

※ 全国の法務局・地方法務局は５０局である。

【別表３】 筆界確認情報の内容とすべき事項に関する規定

（令和元年１０月３１日現在）

内容	局数	割合（％）
筆界について異議なく確認したこと	１９	５５．９
筆界について確認したこと	１２	３５．３
筆界について異議がないこと	２	５．９
（具体的な定めなし）	１	２．９
合計	３４	

【別表４】 筆界確認情報の作成主体に関する規定

（令和元年１０月３１日現在）

作成主体（申請に係る土地を除く）	局数	割合（％）
隣接土地の所有者（等）	５	１４．７
隣接土地の所有者（等）又はその代理人（等）	４	１１．８
隣接土地の所有者，権限を有する管理人（等）	１０	２９．４
隣接土地の所有者，権限を有する管理人，その他利害関係人	３	８．８
関係人	２	５．９
立会いの事実を確認し，測量した者※	１０	２９．４
合計	３４	

※ 立会証明書（立会いの事実を証明した書面）の提供を求める法務局等における
規定である。

第1　筆界が明確であると認められる場合における筆界の認定

1　筆界が明確であると認められるための要件について

(1)　申請土地の地域種別（不登規則第10条第2項）が市街地地域である場合

市街地地域に存する土地においては，次のアからオまでに掲げるいずれかの点で構成される筆界は明確であると認めることができる。

ア　登記所に座標値の種別が測量成果である14条1項地図の備付けがある場合において，申請土地の筆界点の座標値に基づき復元した点を基礎として，地図に記録されている各土地の位置関係及び現況を踏まえて画地調整した点

イ　筆界の復元が理論的に可能となる情報（以下「復元基礎情報」という。）が記録された地積測量図の備付けがある場合において，当該情報に基づき復元した点に対して，公差（位置誤差）の範囲内に境界標の指示点が現地に存するときにおける当該指示点

ウ　筆界特定登記官による筆界特定がされている場合において，当該筆界特定に係る筆界特定書及び筆界特定図面に記録された情報に基づき復元した点

エ　境界確定訴訟において確定した判決書の図面（以下「判決書図面」という。）に復元基礎情報が記録されている場合において，当該情報に基づき復元した点に対して公差（位置誤差）の範囲内に境界標の指示点が現地に存するときにおける当該指示点

オ　判決書図面に囲障，側溝等の工作物の描画があり，それら囲障等に沿って筆界点が存するなど図面上において筆界点の位置が図示されている場合において，当該図面の作成当時の工作物が現況と同一であると認められ，現地において図面に図示された筆界点の位置を確認することができるときにおける当該位置の点

(2)　申請土地の地域種別が山林・原野地域である場合

山林・原野地域に存する土地においては，次のアからカまでに掲げるいずれかの点で構成される筆界は明確であると認めることができる。

ただし，申請土地が山林・原野地域に存している場合であっても，申請土地及びその周辺の土地の利用状況，開発計画の有無，近接する地域の種別等の事情に鑑みて，申請土地の地域種別の当てはめを山林・原野地域とすることが相当でないと認められる事情があるときは，市街地地域の要件を当てはめるべきである。

ア　登記所に座標値の種別が測量成果である14条1項地図の備付けがある場合において，申請土地の筆界点の座標値に基づき復元した点

イ　登記所に復元基礎情報が記録された地積測量図の備付けがある場合において，当該情報に基づき復元した点（ただし，カに該当するときは，この限りでない。）

ウ　筆界特定登記官による筆界特定がされている場合において，当該筆界特定に係る筆界特定書及び筆界特定図面に記録された情報に基づき復元した点

エ　判決書図面に復元基礎情報が記録されている場合において，当該情報に基づき復元した点（ただし，カに該当するときは，この限りでない。）

オ　判決書図面に囲障，側溝等の工作物の描画があり，それら囲障等に沿って筆界

点が存するなど図面上において筆界点の位置が図示されている場合において，当
該図面の作成当時の工作物が現況と同一であると認められ，現地において図面に
図示された筆界点の位置を確認することができるときにおける当該位置の点

カ　イ及びエにおいて，復元基礎情報に基づき復元した点に対して，公差（位置誤
差）の範囲内に境界標の指示点が現地に存するときは，当該指示点

(3) 申請土地の地域種別が村落・農耕地域である場合

村落・農耕地域に存する土地においては，申請土地及びその周辺の土地の利用状
況，開発計画の有無，近接する地域の種別等の事情に応じて，市街地地域又は山林
・原野地域のいずれかの要件を当てはめるべきである。

（補足説明）

1　地域種別に応じた筆界認定の在り方について

筆界認定に当たって，現地復元性を有する１４条１項地図，地積測量図，筆界特
定図面，判決書図面等の図面が存する場合においては，これらの図面に記録された
復元基礎情報に基づき復元した点を基礎とすることが適切であると考えられる。

ここでは，まず，地域種別に応じて筆界認定の在り方を異なるものとすることを
提案している。その趣旨は以下のとおりである。

(1) 市街化されている地域では，囲障，側溝，境界標，石垣やコンクリート擁壁等
の上層の土地を支持する工作物等の設置が多く見られ，山林や原野の地域では，
谷筋や尾根筋が存するなど，地形の変化が目視できることも少なくない。このよ
うな，人工的な工作物が設置されている位置，地形が変化している位置又はそれ
らに近接する位置には，土地利用の経緯や歴史的な経緯等を背景として筆界が存
していることがある。そのため，これらの位置・形状は現地における筆界の位置
を推測させる物理的状況（以下「筆界に関する現況」という。）ともいえるもので
あり，筆界認定に当たって考慮するのが相当であることも少なくないと考えられ
る。

不登規則第１０条第２項に規定する地域種別（以下「地域種別」という。）の各
地域における１４条１項地図，地積測量図及び筆界特定図面の測量等の精度は，
それぞれの地域ごとに異なり，例えば，筆界点間の計算距離と直接測量による距
離との差異の公差では，市街地地域（精度区分は甲二まで）を基準とした場合に，
村落・農耕地域（精度区分は乙一まで）は約４倍，山林・原野地域（精度区分は
乙三まで）は，約１３倍の誤差が許容され，比較的緩やかであることから，高い
測量の精度等が求められる市街地地域，比較的緩やかな測量精度が認められてい
る山林・原野地域，それらの中間的な村落・農耕地域では，それぞれに筆界に関
する現況を考慮する必要性及びその程度が異なり，そのため，地域種別ごとに筆
界が明確であると認められるための要件には違いがあるものと考えられる。

(2) 地域種別ごとの筆界の認定の具体化

ア　市街地地域

市街地地域では，土地は細分化されており，建物や工作物の敷地に利用され
るなど，一定の用途に供されていることも多く，土地利用の需要と比例して他
の地域種別の土地よりも地価が高額であるため，土地の所有者の権利意識が高

- 2 -

い傾向にある。囲障，側溝，境界標，石垣やコンクリート擁壁など筆界との関連性が考えられる工作物の設置も多く見られる。これらの状況を踏まえると，市街地地域においては，他の地域種別の地域と比較して，筆界に関する現況を考慮する必要性は高く，更に復元点と筆界に関する現況が示す位置との関係を十分に検証した上で筆界の認定をする必要があると考えられる。

イ　山林・原野地域

　山林・原野地域における筆界は，谷筋，尾根筋等の地形が変化している位置又はそれらに近接する位置に存することが多いものの，その位置には一定の幅があるため明確に指し示すことは困難であり，筆界認定に当たって考慮すべき筆界に関する現況は少ないと考えられる。また，明治初年の地租改正事業によって形成された山林・原野地域の筆界は，当時，税の徴収があまり見込めない土地であったため，測量の手法として目測，歩測等の誤差が多く含まれる方法が許容されるなど，厳密な位置まで求める必要性がないものとして取り扱われた経緯がある。加えて，現代においては，土地利用の需要という点では，他の地域種別の土地と比較すれば高いとはいえないことも多く，一般的に筆界を示すために設置される境界標が現地に存するという例外的な場合を除いて，復元点の評価を厳密なものとすると，かえって高コストとなり，土地利用の状況等から考えて現実的ではないと考えられる。

　これらの状況を踏まえると，山林・原野地域においては，現地に境界標が存しない場合，復元点を筆界点として認定することは相当であるというべきである。ただし，筆界認定の対象となる土地が山林・原野地域に存している場合であっても，当該土地及びその周辺の土地が何らかの用途に供されているため人工的な筆界に関する現況が多く存しているなど，土地の利用状況に照らし，あるいは，近い将来に宅地造成等が具体的に計画されているなどの将来における開発計画等の内容に照らし，山林・原野地域に存する土地と扱って筆界の認定をすることが相当ではないこともある。そのような土地については，むしろ市街地地域の要件を当てはめるのが適切であると考えられる。

ウ　村落・農耕地域

　村落・農耕地域の筆界に関する現況は，道路，用水路，畔（あぜ）等のほか，土地改良法（昭和２４年法律第１９５号）に基づく土地改良事業が実施された地域では，農地と他の農地との境にコンクリート製の工作物が設置されている場合や境界標が設置されている場合があるなど，地域によって様々である。また，村落では，土地利用が市街地地域に近いものが見られることがあり，農耕地では，すでに土地が整備され物理的に宅地化することは容易であるため近接する地域が市街地地域であるときには近い将来に宅地造成等が行われることがあるなど，筆界に関する現況を考慮した復元点の評価に関しては，市街地地域と同様の考え方を採ることが考えられる。

　他方で，村落・農耕地域が存する場所が山間部である場合には，一律に筆界に関する現況を考慮した復元点の評価をすることは相当ではなく，むしろ，山林原野地域に存する土地と同様に扱うのが合理的であると考えられる。

これらの状況を踏まえると，村落・農耕地域においては，筆界認定の対象となる土地及びその周辺の土地の利用状況，開発計画の有無，近接する地域の種別等の事情に応じて，市街地地域又は山林・原野地域のいずれかの要件を当てはめることが考えられる。

2　図面に記録された情報が一筆の土地についての情報である場合と一定の地区全体の各土地についての情報である場合の区分について

　　次に，図面に記録された情報（以下「図面情報」という。）がどの範囲の土地についてのものかによっても検討すべきポイントが異なり得ることから，この点を考慮して基準を異なるものとしている。

　　すなわち，図面情報には，地積測量図，筆界特定図面，判決書図面等のように一筆の土地についての図面情報（以下「一筆地の図面情報」という。）と，１４条１項地図のように一定の地区に属する各土地についての図面情報（以下「広範囲の図面情報」という。）とがある。

　　このうち，復元基礎情報が広範囲の図面情報に基づき提供されている場合には，一筆地の図面情報に基づく場合と異なり，記録されている各土地の位置関係を全体として検証（検証して導きだした点を以下「検証点」という。）することにより，その信頼性は高いことが期待され，必ずしも筆界に関する現況を考慮する必要がなくなると考えられることによるものである。これに対し，復元基礎情報が一筆地の図面情報である場合には，筆界に関する現況をも考慮して復元点の信頼性を検証する必要性が高いと考えられる。そのため，図面情報の種別ごとに，土地の区画が明確であると認められるための要件には違いが存することになるものと考えられる。

　　もっとも，検証点や復元点の位置と筆界に関する現況の位置との関係や周辺土地の現況を踏まえて，検証点や復元点をもって筆界点と認定することに強い疑念が生じる場合は，直ちに検証点や復元点をもって筆界点と認定することなく，境界標の設置者，設置経緯等の背景事情，筆界が創設された経緯，境界標以外の筆界に関する現況等を総合的に勘案した上で判断する必要があると考えられる。

3　地積測量図に記録された境界標の種類と同種ではない境界標が設置されている場合等について（(1)イ，(1)エ，(2)カ関係）

　　境界標の指示点と筆界点との関係において，現地に境界標が設置されている場合であっても，地積測量図に記録された境界標の種類と同種ではない境界標が設置されている場合や地積測量図に境界標の記録はないが現地に境界標が設置されている場合には，復元点の公差（位置誤差）の範囲内に現地の境界標の指示点が存するとしても当該指示点を直ちに筆界点として認定することは困難ではないか，また，境界標が設置されている場合であっても，その設置者，設置経緯等の背景事情，筆界が創設された経緯，筆界に関する現況等を考慮した上で境界標の指示点が筆界点として相当であるかを判断する必要があるのではないかとする意見があった。

　　地積測量図に記録された境界標の種類と同種ではない境界標が設置されている場合とは，当初に設置された境界標が何らかの事情で取り除かれたため新たな境界標

- 4 -

を設置したケース等が考えられ，地積測量図に記録されていない境界標が現地に存する場合とは，筆界関係登記の申請時には境界標が設置されていなかったため当該申請に併せて提供された地積測量図に境界標の記録はないが，その後に境界標を設置したケース等が考えられる。いずれの場合にも境界標の設置誤差や設置位置の誤りを考慮する必要はあるものの，復元点の公差（位置誤差）の範囲内に境界標の指示点が存している場合には，境界標の指示点が筆界点であるとする一定の推認力が働くと考えられ，境界標の指示点が筆界点であることを否定する資料がないときには指示点をもって筆界と認定することは可能であると考えられる。そのため，地積測量図に記録された境界標の種類と実際に設置された境界標の種類とが同一であることは要件とはしていない。

　なお，ここでも，境界標の設置者，設置経緯等の背景事情，筆界が創設された経緯，境界標以外の筆界に関する現況等を総合的に勘案した上で判断する必要があることもあり得ることに注意を要する。また，境界標は，隣接関係にある土地の所有者の一方によって隣接土地の所有者の確認を得ないまま設置されるケースや，一方の所有者によって勝手に移設されるケースもあることは常に念頭に置いておく必要があると考えられる。

4　判決書図面について（（1）オ，（2）オ関係）
　判決書図面の内容としては，復元基礎情報が記録されている場合と記録されていない場合とがある。このうち，復元基礎情報が記録されている場合には，地積測量図と同様の考え方を採用して筆界の認定が可能である。復元基礎情報の記録がない場合であっても，囲障，側溝等の工作物の描画があり，それら囲障等に沿って筆界が存するなど図面上において筆界の位置が図示されているケースでは，同図面の作成当時と現況の工作物との間で物理的状況に変化がなく，現地において図面に図示された筆界点の位置を確認することができるときは，当該位置を筆界として認定することは可能であると考えられる。

5　その他（複数の境界標以外の筆界に関する現況の指示点と考えられる位置が整合している場合について）
　筆界認定に当たって考慮すべき筆界に関する現況は，一般に，筆界を現地において明らかにすることを設置目的とし，その指示点が明確である境界標と筆界を現地において明らかにすることを主たる設置目的とはせず，その指示点が複数の点の位置又は範囲である境界標以外の筆界に関する現況とでは筆界が明確であるとする場合の考慮要素としての評価に差が生じることになると考えられるため，これを区分して検討を行っている。

　復元基礎情報に基づき復元した点は一定の測量精度の範囲内に復元されるにとどまり，そのため，境界標以外の筆界に関する現況については，その指示点が明確であるとまではいえず，設置者，設置目的及び設置経緯を勘案する必要や，場合によっては設置工事の施工誤差をも勘案する必要が生じること等を踏まえると，境界標以外の筆界に関する現況を考慮要素として筆界が明確であるとすることは困難であ

- 5 -

ると考えられる。

　このような検討を行う中で，本文に記載してはいないものの，一筆地の図面情報
において，境界標以外の筆界に関する現況が存しているときに，複数の境界標以外
の筆界に関する現況の指示点と考えられる位置が整合しているケースであれば，当
該位置を筆界点として認定することは可能ではないかとする意見があった。

　この点について，複数の境界標以外の筆界に関する現況の指示点が一致し，当該
指示点と復元点がほぼ一致しているようなケースでは，当該指示点を筆界点として
認定することも可能であるとする考え方があり得ると考えられる。

2　筆界が明確であると認められる場合の筆界確認情報の提供等について

　申請土地に係る特定の筆界が明確であると認められる場合には，当該筆界について
は，筆界確認情報の提供等を求めることなく筆界認定を行うべきである。

（補足説明）

　明確であると認められるための要件を満たす筆界については，筆界確認情報の内容
を考慮するまでもなく登記官の筆界認定の心証形成が可能であると考えられるため，
筆界確認情報の提供等を求める必要性は低く，合理的な理由があるとはいえないため，
筆界確認情報の提供等を不要とするべきであると考えられる。

　また，上記1の要件を満たさない場合であっても，筆界に関する登記所保管資料，
登記所外に保管されている資料，実地調査の調査結果等に基づき，筆界の現地におけ
る位置及び形状について心証が得られるケースがあるものと考えられる。そのような
ケースにおいても，筆界が明確である場合に該当するものと考えられ，同様に筆界確
認情報の提供等を求める必要性は低いと考えられる。

第2　筆界が明確であるとは認められない場合における筆界認定

1　筆界確認情報の作成主体となり得る者が複数ある場合における筆界確認情報の提供
等について

(1) 隣接土地を共有登記名義人又は未登記相続人の一部の者が外部的に認識可能な状
況で占有しているケース

　隣接土地について，共有登記名義人又は未登記相続人の一部の者が，外部的に認
識可能な状況で占有しているケースにおいては，当該占有している者の筆界確認情
報の提供等で足りるとし，他の共有登記名義人又は未登記相続人が作成主体となっ
た筆界確認情報の提供等を求めないこととすべきである。

（補足説明）

1　筆界が明確であると認められないために筆界確認情報の作成を求めることに理由
があるとみられるケースについても，その作成主体となり得る者が複数であるとき
には，登記官において筆界に関する心証形成を図ることができる限度で筆界確認情
報の提供等を受ければよいと考えられる。

　そこで，第2の1では，このような観点から，いくつかのケースについて検討を
行っている。

2　占有の状況は様々なケースが考えられるため，ここでは，外部的に認識可能な状

況で占有をしているものに限ることとしているが，例えば，被相続人とその相続人の一部の者が隣接土地に建築された建物に同居していたが，被相続人の死亡後も当該相続人が引き続き居住しているケースなどを典型例として想定している。

3　このようなケースにおいては，占有者が筆界を知り得ない等の特別な事情がない限り，占有者の筆界に関する認識は，筆界を知り得る者の証言（人証）としての証明力が他の共有登記名義人又は未登記相続人よりも高いと考えられるため，他の共有登記名義人又は未登記相続人から筆界確認情報の提供等を求める必要性は低く，他の共有登記名義人又は未登記相続人が所在不明者等であるか否かを問わず，占有者の筆界確認情報の提供等で足りるものと考えられる。

4　他方で，他の共有登記名義人又は未登記相続人の所在等が登記記録上の住所等から容易に判明する場合には，他の共有登記名義人又は未登記相続人の筆界確認情報の提供等を求めることを許容すべきではないかとの意見があった。

　　この点については，他の共有登記名義人又は未登記相続人の所在等が登記記録上の住所等から容易に判明し，かつ，その者が隣接土地の近隣に居住しているようなケースでは，申請土地の所有権の登記名義人の負担も比較的少ないことから，筆界確認情報の提供までは求めないとしても，実地調査の過程でその確認を行うことや，土地家屋調査士が申請代理人となっているケースにおいては不登規則第93条ただし書きの調査報告書においてその認識を明らかにしておくといった対応を行うことが望ましいものと考えられる。なお，将来の紛争予防のために，必要に応じて，筆界確認情報を作成しておくことが妨げられるものではない。

(2) 隣接土地に占有者が存せず合理的な方法で探索をしてもなお隣接土地の共有登記名義人又は未登記相続人の一部の者の所在等が知れないケース

　ア　所在等が不明な共有登記名義人・未登記相続人についての取扱い

　　　隣接土地に占有者が存せず，かつ，合理的な方法での探索をしてもなお共有登記名義人又は未登記相続人の一部の者の所在等が知れないケースでは，当該探索の結果，所在等を把握することができた共有登記名義人又は未登記相続人に筆界の確認を求めた上で，そのうちの筆界確認情報の提供等が可能な者の筆界確認情報の提供等で足りるとすべきである。

　イ　合理的な方法での探索を行ったといえる方法について

　　　住民票（除票を含む。），戸籍の附票，戸除籍，法人の登記事項証明書等の公の機関が発行する情報を取得可能な範囲で収集し，当該情報を基礎として相当な方法で探索をするとともに，所在等を把握することができた共有登記名義人又は未登記相続人から所在不明者等の所在等を聴取する方法で探索を行えば，「合理的な方法での探索」を行ったものとすべきである。

（補足説明）

1　所在が不明な共有登記名義人や未登記相続人についての取扱い

　　隣接土地の共有登記名義人が自然人又は法人である場合において，登記されている共有登記名義人の氏名又は名称及び住所から現在の所在を把握することができず，このため，筆界確認情報の提供に困難を伴うことがある。また、隣接土地

- 7 -

の共有登記名義人が自然人であり，相続の発生を確認することができる場合において，①相続人は全部判明し，生存も確認できているが一部の相続人について現在の所在を把握することができないケース，②その相続関係の一部が不明であり，一部の相続人の特定が困難であるケース，③一部の相続人について死亡の有無が不明であり，所在も確認することができないケース等（これら所在が不明な者及び特定が困難な相続人等を総称して，以下「所在不明者等」という。）においても，筆界確認情報の提供に困難を伴うことがある。

　このように，近時，登記名義人等の所在が不明であったり，特定が困難であることが少なからず生じており，これに伴って様々なコストが生じている。

　このような，所在不明者等の探索における過重な負担を軽減するという観点については，例えば，所有者不明土地の利用の円滑化等に関する特別措置法において定められた土地収用法の特例において，公共事業のために土地収用を行う前提としての土地所有者の探索に関して，土地の登記事項証明書や住民票等の調査を行うことが想定されている一方で，地元精通者等への照会等については，合理的な範囲に限り行うものとされていること（「所有者不明土地の利用の円滑化及び土地の所有者の効果的な探索に関する基本的な方針」（昭和３０年法務省・国土交通省告示第2号）第2の1，別紙資料2）に見られる。

　また，法制審議会民法・不動産登記法部会においては，登記された存続期間が満了している権利に関する登記について，「相当な調査が行われたと認められるものとして法務省令で定める方法により調査を行ってもなお登記義務者の所在が知れない」ときに，公示催告及び除権決定の手続を経て，単独で抹消の申請をすることができるとしているが，ここでも，同様に，登記名義人の調査方法を合理的なものに限定する方向性が示されている。

　そこで，合理的な方法での探索をしても，なお共有登記名義人又は未登記相続人の一部しか把握することができない場合については，筆界確認情報の提供を要しないとすることが考えられる。

2　合理的な方法での探索について

　合理的な方法での探索の具体的な在り方としては，例えば，次のようなものが考えられる。

　自然人については，住民票（除票を含む），戸籍の附票及び戸除籍を収集することを基本にその特定及び所在の把握を行うこととし，加えて，所在を把握することができた共有登記名義人又は未登記相続人からは事情を聴取するのが望ましい。

　他方で，近時の地域社会においては協力関係が構築されにくい状況にあることを踏まえると，近隣住民への聴取を行ったとしても有益な情報を得られる可能性は低い。また，その所在確認についても住所地の近隣住民に調査を実施することも負担が過重であり，実現可能性に乏しいと考えられることから，郵便等によることを認めるのが合理的である。

　そこで，関係者等からの事情聴取は所在を把握することができた共有登記名義

- 8 -

人又は未登記相続人にとどめ，それ以上の調査を必須のものとはしないことが適切であると考えられる。

また，共有登記名義人が法人である場合には，その法人の主たる事務所の所在地に郵便等を郵送し，これが返送された場合には，その法人の所在が不明であると扱うことで足りるものと考えられる（代表者の住所地を探索する等の調査までは必要はなく，また，代表者が欠けているケースにおいてもその選任まで求める必要はないものと考えられる。）。

3　その他

合理的な方法での探索の結果，所在等を把握することができた共有登記名義人又は未登記相続人のうちの一部の者について，日本国外に居住している等の状況から現地立会い行うことが過重な負担となるケースも考えられるが，このようなケースでは筆界確認情報の提供等が可能な者の提供等で足りるとすることも考えられる。

2　隣接土地の所有権の登記名義人，共有登記名義人又は未登記相続人の全部の者の所在等が不明である場合における筆界確認情報の提供等について
(1)　合理的な方法で探索をしてもなお隣接土地の所有権の登記名義人，共有登記名義人又は未登記相続人の全部の者の所在等が知れないケースで隣接土地に使用収益の権限を有することが登記記録上明らかな者が存する場合

隣接土地の所有権の登記名義人，共有登記名義人又は未登記相続人の全部の者の所在等が合理的な探索をしてもなお不明である場合に，隣接土地の一筆について使用収益の権限を有することが登記記録上明らかな者（以下「使用収益権者」という。）が筆界について合理的な根拠をもって説明することが可能であるケース等，筆界認定の有力な人証となり得るときにおいては，使用収益権者を筆界確認情報の作成主体とすることを許容すべきである。

（補足説明）

1　ケース設定としては，まれなケースであると考えられるが，所有権の登記名義人，共有登記名義人又は未登記相続人の全部の者の所在等が知れないケースでは，筆界確認情報の作成主体となる者が存在しないこととなるが，このような場合であっても，使用収益権者のように土地に何らかの関わりがあり，筆界を知り得ることが考えられる者が存するときには，筆界認定資料として利用する範囲においては，筆界確認情報の作成主体となることを許容することに問題はないと考えられる。

2　使用収益権者の土地の利用状況等は，事案よって様々であることから，一律に筆界確認情報の作成主体となることは考えられないが，例えば，使用収益権者が長期間にわたって外部的に認識可能な状況で使用収益を継続しているケースなど，筆界の位置及び形状を知っていることについて合理的な説明が可能であり，使用収益権者が認識する筆界の位置及び形状を合理的な根拠をもって説明が可能である場合などは，有力な人証であると考えられるため，当該使用収益権者を筆界確認情報の作

- 9 -

成主体とすることはあり得ると考えられる。

(2) (1)のケースで隣接土地の過去の所有権の登記名義人との間で筆界確認情報を作成している場合

　隣接土地の所有権の登記名義人，共有登記名義人又は未登記相続人の全部の者の所在等が合理的な探索をしてもなお不明である場合に，過去のある時点に土地の所有権の登記名義人であった者（以下「過去の登記名義人」という。）がその所有権の登記名義人である間に作成した筆界確認情報であっても，筆界確認情報の内容とする筆界を当該情報からその位置を現地に復元することが可能であり，現況が作成当時から変化していないなど，図面に記録された情報によって現地における筆界を特定することが可能であるときは，これを利用することを許容すべきである。

（補足説明）

1　筆界確認情報の作成主体となる者が存在しない場合においては，過去の登記名義人がその所有権の登記名義人である間に作成した筆界確認情報であっても，筆界確認情報に記録された情報が復元基礎情報となり得る情報であり，当該情報の図面に記録された工作物等の状況と現況の工作物等との間に変化がないケースで，復元基礎情報に基づき復元した結果，当時の工作物と筆界点との関係が現在の工作物と復元点との関係が一致するときは，当該筆界確認情報を利用することは可能であるとする考え方があり得ると考えられる。

2　さらに，過去の登記名義人がその所有権の登記名義人である間に作成した筆界確認情報が，その当時に，筆界関係登記の申請の筆界認定資料として採用されている場合は，地積として登記記録に反映され，地積測量図の現地復元性の有無にかかわらず地積測量図の記録内容として公示されていることになるため，筆界認定の資料としてより積極的に活用が可能であるとの意見があった。

「筆界の調査・認定の在り方に関する検討報告書」
の解説

2021年6月28日　第1刷発行
2021年9月10日　第2刷発行

編　者　月刊登記情報編集室
発行者　加　藤　一　浩
印刷所　三松堂株式会社

〒160-8520　　東京都新宿区南元町19
発　行　所　一般社団法人 金融財政事情研究会
企画・制作・販売　株式会社 き ん ざ い
編 集 部　TEL 03（3355）1713　FAX 03（3355）3763
販売受付　TEL 03（3358）2891　FAX 03（3358）0037
https://www.kinzai.jp/

ISBN978-4-322-13969-3